LOW CARB
Kochbuch *3in1*

LEICHT – LECKER - LOW CARB!

150 einfache Rezepte zum Abnehmen & Genießen.

Low Carb für Anfänger|Berufstätige|& zum Backen.
Inkl. Tipps für die kohlenhydratarme Ernährung!

Herta Schneider-K.,

Cooking E.

Herta Schneider-K., Cooking E.

https://great-books4you.com

1. Auflage 2019

Herta Schneider-K., Cooking E.

https://great-books4you.com

Great books 4YOU

1. Auflage 2019

ISBN: 978-3-96709-002-4

Inhalt

Vorwort

Dieses Buch widme ich allen Menschen, die abnehmen oder ihr Gewicht dauerhaft halten möchten ohne zu hungern! Gerade für Anfänger der Low Carb Ernährung habe ich es konzipiert, damit ein kinderleichter Einstieg in die Low Carb Diät möglich ist und sie schnell tolle Erfolge erzielen.

Lecker essen, bewusst und gesund leben – so lautet mein Motto.

Ich hoffe, dass Sie mithilfe meiner Rezeptsammlung viel Freude haben werden und Ihnen die Low Carb Ernährungsumstellung wie im Handumdrehen gelingt. Natürlich finden Sie neben der 150 vielseitigen Rezepte - ALLE MIT FARBFOTOS zum Gratis Download - auch eine Einführung zum Thema Low Carb.

Bevor ich damit beginne, Ihnen das spannende Low Carb Prinzip zu erläutern sowie nützliche Tipps mitzugeben, stelle ich mich Ihnen kurz vor...

Die Autorin Herta Schneider-Kristjánsdóttir

Ich ernähre mich schon sehr lange „Low Carb“, bevor ich meine Ernährung aber umstellte, hatte ich große Probleme, **mein Gewicht dauerhaft zu halten**. Ich hatte immer wieder mit Heißhunger auf Süßes zu kämpfen, vor allem wenn ich abends gemütlich mit meiner Familie auf dem Sofa saß. Es ist gar nicht so leicht, ständig zu verzichten und „eisern“ zu bleiben. So ernährte ich mich zwar insgesamt sehr gesund, aber in schwierigen Momenten ließ meine Disziplin dann doch nach und ich griff zu üppigen und fettigen Snacks. Seit ich mich persönlich „Low Carb ernähre“, schlage ich mich nicht mehr mit Gewichtsschwankungen herum und brauche mir außerdem nichts mehr zu verbieten! Denn auch für **Naschkatzen wie mich** gibt es eine große und köstliche Auswahl an süßen Low Carb Desserts und leckeren Zwischenmahlzeiten.
Dank meiner Ausbildung zur Ernährungsberaterin gelang es mir zu verstehen, wie der Stoffwechsel funktioniert und dass man dem Körper geben sollte, was er braucht. Crash Diäten bringen einen wirklich nicht weiter, davon rate ich jedem dringend ab.
Low Carb kann ich wirklich jedem empfehlen. Egal ob Sie ein eher unkontrollierter Ernährungstyp sind, eine Naschkatze oder sogar ein Spitzensportler – in meinem Kochbuch finden Sie alles, **was das Herz – oder besser gesagt der Magen – begehrt**. Die Gerichte sind sowohl für Singles als auch Familien geeignet.
Meine **persönlichen Erfahrungen** waren, dass ich nicht nur mein Körperfett reduzieren und mein Gewicht langfristig halten konnte, sondern dank der Low Carb Ernährungsumstellung sogar mehr Energie verspürte. Genau das Gleiche können Sie auch erreichen, wenn Sie sich an meine Tipps halten und meine Lieblingsrezepte „nachkochen“. Ob Sie nur ein paar überschüssige Pfunde oder sogar 20kg abnehmen möchten, Low Carb macht es möglich.

Was ich Ihnen dringend ans Herz lege, ist, dass Sie keine radikale Ernährungsumstellung vornehmen und die Kohlenhydrate aus Übereifer heraus nicht völlig streichen, denn das wäre kontraproduktiv. Finden Sie für sich selbst heraus, welche „Art“ Low Carb Diät für Sie die richtige ist. Für mich hat sich als bestmöglich herausgestellt, dass ich meine

Kohlenhydratzufuhr **lediglich etwas herunterschraube**, jedoch nicht auf das Nötigste reduziere.

Was Sie in diesem Buch erwartet:

150 Low Carb Rezepte für Anfänger, Berufstätige & zum Backen
-alle mit Farbfotos zum Gratis Download!
Frühstück, Mittag, Abend, Desserts, Kuchen, Torten uvm.!

Eine Einführung in die Low Carb Ernährung inklusive Anleitung

und viele nützliche Low Carb Tipps!

Einleitung

„Low Carb" – dieser Begriff ist in aller Munde! Doch was hat es mit diesem Diät-Trend auf sich und was genau bedeutet Low Carb eigentlich?

Im Prinzip bedeutet Low Carb, die tägliche Zufuhr von Kohlenhydraten möglichst gering zu halten. Man ernährt sich also hauptsächlich von Eiweißprodukten und Gemüse. Kohlenhydrate werden ausgetauscht durch Fette und Proteine. Low Carb bedeutet aber **nicht, zu 100% auf Kohlenhydrate zu verzichten**, da dies erstens kaum möglich ist und zweitens ungesund wäre. Wichtiger ist es, die Low Carb Ernährung konsequent und über einen **längeren Zeitraum** durchzuziehen.

Viele Menschen entscheiden sich für eine Low Carb Ernährung, um möglichst schnell abzunehmen ganz ohne Sport.

Wenn Sie Ihr Fett schnell und auf eine gesunde Art schmelzen lassen wollen, ist dieses Buch genau das Richtige für Sie. Lassen Sie sich einführen in die **Low Carb Diät** und Ihnen nützliche Tricks mitgeben, egal ob Sie **Anfänger oder Berufstätiger** sind oder sich für das **Low Carb Backen** interessieren. Damit Sie dabei auf nichts verzichten müssen, stelle ich Ihnen die **150 leckersten Rezepte vor – alle mit Farbfotos**, die richtig Appetit machen.

In den folgenden Kapiteln finden Sie nun zahlreiche Hintergrundinformationen und Tipps, mit denen Sie endlich Ihre überschüssigen Pfunde loswerden und ordentlich an Energie auftanken werden! Lassen auch Sie sich überzeugen wie so viele andere Menschen vor Ihnen, **warum Low Carb genau die richtige Methode zum Abnehmen & Gewichthalten ist.**

Was ist Low Carb?

Low Carb ist eine Ernährungsform, bei der man hauptsächlich Eiweiß und auch Fett zu sich nimmt. Dies bewirkt, dass man **lange satt** bleibt. Deshalb ist die Low Carb Diät gar nicht so schwierig umzusetzen, wie viele vielleicht denken mögen. Es kommt weniger auf die Kalorien an bei der Low Carb Ernährung, sondern eher darauf, dass er die Kohlenhydrate durch Proteine ersetzt.

Die Kohlenhydrataufnahme ist reduziert. Kohlenhydrat-Bomben wie Nudeln und Zucker oder Brote werden ersetzt durch Lebensmittel, die hauptsächlich aus Eiweiß und Fetten bestehen. Doch sei gleich anfangs erwähnt, dass es nicht darum geht, die Kohlenhydrate komplett zu streichen. Das sollten Sie keinesfalls tun, da dies gesundheitsschädlich ist! Aktuelle Studien beweisen, dass die Low Carb Diät effektiver ist als eine Diät, bei der sich fettreduziert ernährt wird. Diese Studie verlief für ein halbes Jahr mit zwei verschiedenen Testgruppen. Die eine machte die Low Carb Diät, die andere ernährte sich stark fettreduziert. Nach

diesem halben Jahr stellte sich deutlich heraus, dass die Low-Carb-Testgruppe viel mehr an Gewicht und vor allem Fettpölsterchen verlor als die andere Gruppe. Schon im 19. Jahrhundert war die Low Carb Ernährung bekannt, wofür ein gewisser William Banting sorgte. Ein Arzt hatte ihm damals empfohlen, sich hauptsächlich von Proteinen zu ernähren, wonach er über 20 kg abgenommen hat! Große Bekanntheit erlangte die Low Carb Diät erst in den 70er Jahren, als die sogenannte Atkins-Diät von Robert Atkins in aller Munde war.
Viele fragen sich, ob Low Carb denn gesund sei. Die Antwort lautet definitiv „Ja", wenn man diese Diät denn richtig vollzieht. Wie gesagt darf man nicht gänzlich auf Kohlenhydrate verzichten, sondern sollte sie lediglich reduzieren. Worauf man auch achten muss, damit sich diese **Diätform in einem gesunden Rahmen** bewegt ist, dass man Sättigungsbeilagen weglässt, die hauptsächlich aus Kohlenhydraten und nur wenig Vitaminen und Nährstoffen bestehen. So eine typische Sättigungsbeilage ist zum Beispiel das Weißbrot zum Mittagessen.
An diesem Beispiel wird deutlich, dass Menschen, die solche eher leeren Kohlenhydratbomben weglassen, sich natürlich gesünder ernähren. Was zudem sehr gesund ist an Low Carb, sind die **vielen Nährstoffe und Vitamine**, die man automatisch aufnimmt, da man ja die Kohlenhydrate auch ersetzt durch Gemüse.

Wie funktioniert Low Carb?

Was Sie bei Low Carb essen dürfen:
Vor allem sollten Sie eiweißhaltige Lebensmittel zu sich nehmen, denn die sind erlaubt. Eier, Fleisch, Fisch, bestimmte Gemüsesorten wie Erbsen und Milchprodukte zählen zu diesen. Außerdem dürfen Sie nicht zu viel von zuckerhaltigem Obst essen. Orangen, Wassermelonen, Beeren und Avocados sind erlaubt, da diese weniger Zucker enthalten.
Was Sie nicht essen dürfen:
Lebensmittel mit einem hohen Kohlenhydratanteil dürfen Sie nicht zu sich nehmen. Pasta, Reis, Kartoffeln, weißes Brot und zuckerhaltige

Süßigkeiten sollten Sie also meiden. Zucker, Honig und alkoholische Getränke sind ebenfalls zu vermeiden. Sie müssen es aber nicht so streng sehen, ab und zu ist das Naschen erlaubt, hin und wieder auch ein Stück Weizenbrot. Bitte lassen Sie es aber nicht zu einer Regelmäßigkeit werden während Ihrer Low Carb Diät. Es sollten wirklich Ausnahmen bleiben.

Was Sie trinken dürfen:

Zuckerfreie Getränke sind erlaubt, stilles Wasser, Mineralwasser und ungesüßter Tee sind ideale Durstlöscher. Auch Kaffee dürfen Sie trinken. Sie dürfen aber keinen Zucker hinzu geben.

Was Sie nicht trinken dürfen:

Zuckerhaltige Getränke... Erfrischungsgetränke und Limonaden aller Art und Sorte, die gezuckert sind, dürfen Sie nicht trinken. Vom Alkohol lassen Sie bitte auch die Finger.

Wie lange Sie sich Low Carb-ernähren dürfen:

Da Ihr Körper genügend mit Vitaminen und Nährstoffen versorgt wird während der Low Carb Diät, dürfen Sie diese dauerhaft, ja sogar ein Leben lang durchführen. Sie verzichten ja nicht komplett auf Kohlenhydrate... Sehen Sie es als gesunde Ernährungsumstellung, die Ihnen gut tun und mit der Zeit immer leichter fallen wird.

Wie viel Sie in 4 Wochen abnehmen könnten:

Sollten Sie Ihre Ernährung umstellen und eine Low Carb Diät beginnen, zielen Sie es bitte nicht ab auf ein zu schnelles Abnehmen. Es handelt sich hierbei nicht um eine Crash-Diät, bei der das wohl möglich ist. Low Carb ist gesund und soll es auch bleiben. Ein zu rapider Gewichtsverlust ist nie gesund und hat oft den Jo-Jo-Effekt zur Folge. Dennoch werden Sie recht schnell abnehmen mit der Low Carb Ernährung und das ohne Hunger! Je nach Ausgangsgewicht variiert die Gewichtsabnahme stark. Ein übergewichtiger Mensch wird demnach mehr abnehmen als ein normalgewichtiger mit ein paar Problemzonen. Personen, die viel abnehmen wollen, können mit ungefähr 25 Kilogramm in einem Jahr rechnen. Und diese Kilos werden wie von selbst schmelzen... ohne Verzicht, ohne gefühlte Diät. Am Anfang tut sich immer am meisten auf der Waage, d. h. Sie werden innerhalb der ersten 1-3 Monate am meisten abnehmen. Man kann bei der Low Carb Diät von einem Gewichtsverlust von ein paar zähen Kilos bis hin zu 10 kg in vier Monaten rechnen. Je nachdem, wie viel Ausgangsgewicht Sie mitbringen, wie konsequent Sie die Low Carb Diät durchführen und wie sehr Sie Kohlenhydrate dabei reduzieren.

Wie viele Kohlenhydrate sind bei Low Carb erlaubt?

Es gibt keine einheitliche Definition dafür, wie viele Kohlenhydrate man bei der Low Carb Diät zu sich nehmen darf.
Manche halten eine strenge Low Carb Diät, wovon ich eher abraten würde und andere wiederum achten lediglich auf eine reduzierte Zufuhr an Kohlenhydraten. Jeder sollte für sich die ideale Menge an Kohlenhydraten pro Tag herausfinden, indem er es einfach ausprobiert. Denn jeder reagiert in puncto Wohlbefinden und Gewichtsreduktion anders, manche kommen besser zurecht mit einer geringeren, andere mit einer höheren Kohlenhydratmenge.
Allerdings kann ich Ihnen Richtwerte und die durchschnittlich-optimale Menge an Kohlenhydraten je Ziel, das Sie verfolgen, vorgeben. An diesen Kohlenhydratmengen dürfen Sie sich gerne orientieren.
Wie hoch Ihr Tagesbedarf ist an Kohlenhydraten hängt davon ab, welches Geschlecht, welches Stoffwechsel-Level, Alter Sie haben und wie viel Sie sich körperlich betätigen am Tag usw.

Empfehlung von 100-150gr an Kohlenhydraten je Tag
Man nennt diese Menge der Aufnahme moderat. **Sind Sie schlank und treiben Sie regelmäßig Fitness**, eignet sich diese Menge besonders für

Sie. Ziel ist es, das Gewicht zu halten und gesünder zu leben. Sollten Sie gleichzeitig zum Ziel haben, die letzten hartnäckigen Kilos abzunehmen, kombinieren Sie diese Kohlenhydratzufuhr zusätzlich mit dem Kalorienzählen täglich.
Erlaubt für Sie sind Obst (mehrmals am Tag) und kohlenhydratstarke Lebensmittel in geringen Mengen. Aber nehmen Sie nur gesunde Kohlenhydrate zu sich wie Kartoffeln, Vollkornbrot und Haferflocken.

Empfehlung von 50-100gr an Kohlenhydraten je Tag

Möchten Sie abnehmen und einen eingeschlafenen Stoffwechsel ankurbeln, eignet sich diese Menge besonders für Sie. Ziel ist es, das Gewicht zu reduzieren ohne Anstrengung und ohne Hunger.
Erlaubt ist für Sie das meiste Gemüse außer Mais, Karotten, Erbsen, Pastinaken. Sie dürfen nur bis zu zwei Stückchen Obst pro Tag essen. Seltene Ausnahmen von kohlenhydratlastigen Lebensmitteln sind erlaubt, dann aber nur gesunde Kohlenhydrate wie Vollkornbrot, Haferflocken und Kartoffeln.

Empfehlung von 20-50gr an Kohlenhydraten je Tag

Möchten Sie so schnell wie möglich abnehmen, eignet sich diese Menge besonders für Sie. Ziel ist es, das Gewicht zu reduzieren, jedoch nicht diese Low Carb Diät dauerhaft durchzuführen. Hier gilt aber Vorsicht, denn wenn Sie an einer Stoffwechselstörung leiden, sollten Sie diese Form der Low Carb Diät nur für kurze Zeit durchführen. Ohnehin sollten Sie diese strengere Diät nicht lange halten, auch wenn Sie gesund sind. Der Vorteil liegt darin, dass sich Ihr Körper auf den Keton-Stoffwechsel umstellt, denn wenn Sie alle Kohlenhydrate verbraucht haben, stellt Ihr Körper Ketonkörper aus den Fettsäuren her. Zur Folge hat dies, dass Ihr Stoffwechsel vorerst angekurbelt wird. Bis Sie sich an diese Low Carb Diät gewöhnt haben, dauert es meist mehrere Tage lang. Während der Eingewöhnung kann es zu Kopfschmerzen oder Schlappheit kommen. Möchten Sie Ihr Fett gezielt angreifen, sollten Sie Ihre tägliche Kohlenhydratzufuhr beschränken auf 20-50gr, denn Ihr Körperfett wird erhöht abgebaut, wenn Sie sich im Keton-Stoffwechsel befinden.

Erlaubt ist Gemüse mit wenigen Kohlenhydraten wie Broccoli, Blumenkohl, Spinat, Salate, Pilze, Tomaten und Gurken. Da Obst zu viele Kohlenhydrate für diese Ernährungsform beinhaltet, müssen Sie den Verzehr sein lassen. Lediglich kohlenhydratarmes Obst wie zum Beispiel Beeren oder Avocados sind erlaubt. Auch Nüsse dürfen Sie verzehren.

Sie kennen jetzt drei unterschiedliche Low Carb Diäten. Überlegen Sie sich, was Ihr Ziel ist und entscheiden Sie sich dann für den passenden Weg. Wichtig ist, dass Sie auf Ihren Körper hören. Ich gebe hier lediglich Richtwerte. Es kann natürlich immer sein, dass Ihr Körper mal individuell und anders reagiert. Außerdem empfehle ich ein Gespräch mit dem Arzt, bevor Sie sich dafür entscheiden, Ihre Kohlenhydratzufuhr herunterzuschrauben.

Vor- und Nachteile der Low Carb Ernährung

Ein **Vorteil** der Low Carb Ernährung ist, dass es einfach gesünder ist für den menschlichen Körper weniger Kohlenhydrate zu sich zu nehmen. Zum einen, da Zucker nicht gesund ist und zum anderen, da eine kohlenhydratlastige Ernährung zu Übergewicht führt.
Ein weiterer Vorteil ist, dass der Blutzuckerspiegel sinkt beziehungsweise konstant niedrig bleibt. Sie können der Volkskrankheit Diabetes durch diese Ernährungsform vorbeugen, bereits Erkrankte können ihr Leiden lindern und die Stoffwechselstörung vielleicht sogar in den Griff kriegen ohne Tabletten oder Insulineinnahme. Natürlich sollte man dies zuvor mit einem Doktor besprechen.
Menschen, die eine Low Carb Diät machen, fühlen sich leichter und haben eine bessere Verdauung. Auch ihr Stoffwechsel ist angekurbelt und funktioniert gut. Natürlich wenn Sie es richtig machen. Damit meine ich, dass man nicht gänzlich auf Kohlenhydrate verzichten darf, da dies

sonst sehr ungesund wäre und Ihren Stoffwechsel eher lahm legen würde.
Heißhunger wird reduziert oder ganz vermindert, denn die eiweißreiche Kost hält länger satt.
Natürlich sehen viele den größten Vorteil in der Low Carb Ernährung darin, dass man auch schnell abnehmen kann.

Ein **Nachteil** ist, dass die Diät zu einer Mangelernährung führen kann. Allerdings nur, wenn man es falsch macht und sie zu streng/extrem durchführt. Die eiweißreiche Kost stellt zudem eine Belastung für die Nieren dar, was nicht gesund ist. Wenn Sie Ihre Ernährung abrupt auf Low Carb umstellen, kann es zu vorübergehenden Symptomen kommen wie Mundgeruch, Schwäche, Kopfweh oder Schlappheit. Aber diesen Nachteil können Sie ganz leicht vermeiden indem Sie langsam anfangen, also Ihre Kohlenhydratzufuhr Stück für Stück reduzieren und nicht von einem Tag auf den anderen.
Auch sehen es einige Low Carb Anfänger als schwierig an, sich umzugewöhnen. Anfangs fehlen die Kohlenhydratbomben einem oft doch noch sehr. Aber nach einer Umgewöhnung ist dies nicht mehr der Fall und die Low Carb Diät fällt ganz leicht.

Ideale Low Carb-Gemüsesorten

Die Low Carb Küche ist faszinierend, lecker und vielseitig. Dennoch könnte es sein, dass Sie mit der Zeit Pasta, Kartoffeln, Reis und Brot vermissen werden… Für leckere Low Carb Brote gibt es tolle

Rezeptideen. Reis, Pasta und Kartoffeln können Sie ebenfalls **ersetzen** um nicht unter deren Verzicht zu leiden – und zwar ganz einfach mit Gemüsesorten!

Karotten statt Pommes

Sie können Karotten schälen, in Streifen schneiden, Olivenöl hinzu geben und würzen. Marinieren Sie diese dann. Anschließend wälzen Sie sie in geriebenem Hart-Käse und backen Sie aus. Schon haben Sie einen guten Pommes-Ersatz.

Zucchini statt Pasta oder Pizza

Sie können aus Zucchini Pasta herstellen. Dafür brauchen Sie einen Spiralschneider, der Ihre Zucchini zu Nudeln formt. Mit leckeren Soßen ein Hochgenuss! Außerdem können Sie Zucchini der Länge nach schneiden, ihre Flüssigkeit mit einem Küchentuch abtropfen und diese Scheibe dann belegen wie eine Pizza. Im Ofen ausbacken und fertig!

Blumenkohl statt Reis

Entfernen Sie die Blätter des Blumenkohls und schneiden Sie ihn in große Stücke. Dann zerkleinern Sie ihn mit einer Küchenmaschine, braten Sie ihn in Butter an und schon haben Sie einen leckeren Low Carb-Reis.

Kürbiskartoffeln statt Bratkartoffeln

Garen Sie den Butternut-Kürbis vor, schneiden ihn in Würfel und braten ihn dann an mit Speck und Zwiebeln.

Kürbispüree statt Kartoffelpüree

Pürieren Sie den Butternut-Kürbis mit Milch und Butter, schon haben Sie einen tollen Ersatz. Genauso können Sie Kürbis gut zu Pommes oder Nudeln verarbeiten. Dann einfach in Streifen schneiden oder mit dem Spiralschneider arbeiten.

Kohlrabi statt Lasagne

Nicht nur für Pommes, Püree, Pasta oder Kartoffeln eignet sich Kohlrabi, sondern auch für Lasagne-Platten. Schneiden Sie ihn dazu einfach in dünne Scheiben.

Low Carb Tipps

Für Anfänger

Aller Anfang ist schwer! Damit Sie nicht den Mut verlieren, finden Sie hier hilfreiche Tipps speziell für Beginner. Machen Sie sich vor allem in der Anfangszeit nicht zu viel Druck. Sie müssen sich nicht nur körperlich umgewöhnen an das neue Essen, sondern auch geistig an neue Routinen und Abläufe.

Tipp 1: Sehen Sie die ersten 1-2 Wochen Ihrer Ernährungsumstellung als Eingewöhnung an. Hier muss noch nicht alles perfekt klappen. Probieren Sie leckere Low Carb Gerichte aus und reduzieren Sie in erster Linie den Zuckerkonsum.

Tipp 2: Süßen Versuchungen widerstehen. Oft ist dies ein Grund, warum Personen an der Low Carb Diät scheitern. Aber vor allem Naschkatzen wird es wohl dauerhaft eher nicht gelingen, ganz auf Süßigkeiten zu verzichten. Da diese aber die absolute Ausnahmen bleiben sollten, greifen Sie zu leckeren Alternativen wie Low Carb Muffins oder Low Carb Kuchen usw. SO müssen Sie nicht auf den süßen Geschmack verzichten!

Tipp 3: Die Sucht nach Zucker-Getränken bekämpfen. Manche Menschen sind es gewöhnt, hauptsächlich Wasser zu trinken, anderen fällt es sehr schwer, da sie zuckerhaltige Erfrischungsgetränke wie Zitronenlimonaden usw. vorziehen. Diese sind natürlich nicht erlaubt. Für den Übergang – aber bitte nur für diesen – dürfen Sie zu Light-Versionen greifen, die keinen Zucker enthalten. Außerdem können Sie

Wasser mit Zitrone oder Beeren, Äpfeln usw. in den Kühlschrank stellen und ziehenlassen für mehr Geschmack. Nach 2 Wochen spätestens sollten Sie sich aber umgewöhnt haben.

Tipp 4: Familie miteinbeziehen. Wenn Sie für die ganze Familie kochen oder oft mit anderen zu Tisch sitzen, die NICHT nach Low Carb essen, fällt es oft schwer konsequent zu bleiben beim Anblick der Kohlenhydratbomben. Weihen Sie deshalb Freunde und Familie in Ihre Pläne ein, vielleicht machen diese sogar mit bei der Umstellung! Kochen Sie regelmäßig für alle Low Carb Gerichte, damit es auch Ihnen leichter fällt standzuhalten.

Tipp 5: Ernähren Sie sich vielseitig, nicht nur um der Gesundheit willen sondern auch, damit das volle Geschmackserlebnis beim Low Carb abgedeckt ist. Gönnen Sie sich also von Anfang an Low Carb Gerichte wie Desserts, Brote, Pizza, leckeres Fleisch usw. Vor allem die deftigen Gerichte sind am Anfang der Umstellung zu empfehlen, denn diese sind so lecker, dass man gar nicht das Gefühl hat eine Diät zu machen. Suchen Sie sich anfangs also ruhig die Rezepte aus, die etwas mehr Kalorien haben.

Für Berufstätige

Für Menschen, die einen Vollzeitjob haben oder viel unterwegs sind, stellt Low Carb eine besondere Herausforderung dar. Mit dem Umsetzen dieser Tipps sind die Herausforderungen allerdings kinderleicht zu meistern. Hier finden Sie nützliche Ratschläge, mit denen Sie Ihre Ernährungsumstellung gut in Ihren Berufsalltag integrieren können.

Tipp 1: Kochen Sie vor. Da Sie aufgrund Ihrer Berufstätigkeit wenig Zeit haben, sollten Sie das freie Wochenende dazu nutzen, Essen vorzubereiten. Nur so gelingt die Low Carb Diät dauerhaft, denn im Alltag und unterwegs werden Sie nicht immer Low Carb Gerichte finden oder im Restaurant bestellen können. Wenn Sie passende Gerichte dabei haben, kommen Sie auch nicht in Versuchung, sich in der Mittagspause schnell was vom Fast-Food-Laden nebenan zu holen.

Tipp 2: Planen Sie Ihr Essen und die Einkäufe. Dies erleichtert nicht nur das Vorkochen, wie unter Tipp 1 beschrieben, sondern hilft Ihnen dabei, dass Sie einen Überblick haben über Ihre Ernährung und diese auch richtig umsetzen. Vor allem sollte man vermeiden, schnell nach der Arbeit noch total ausgehungert einkaufen zu gehen, denn da greift man schnell mal zu Unnötigem und auch ungesundem Essen. Schreiben Sie deshalb eine Einkaufsliste und gehen Sie gemütlich einkaufen, wenn Sie ausreichend Zeit dafür haben. Auch eine kleine Liste, die Sie zum Beispiel wöchentlich im Voraus schreiben könnten, hilft. Notieren Sie darin, was Sie zu Mittag essen könnten. Köstliche Rezepte finden Sie hier genügend!

Tipp 3: Passen Sie die Ernährung Ihrem Rhythmus an. Wenn Sie ein Frühaufsteher sind, können Sie das Low Carb Frühstück in Ruhe nach dem Aufstehen zubereiten, wenn nicht arbeiten Sie am Abend zuvor voraus. Wählen Sie für stressige Tage bewusst schnelle Mahlzeiten aus. Wenn Sie abends mal keine Lust haben zu kochen und auch nichts vorbereitet haben, dann greifen Sie ganz einfach zu einem Quark aus dem Kühlschrank. Es muss ja nicht jeden Tag ein aufwendiges Rezept sein!

Tipp 4: Erzählen Sie Ihren Kollegen von Ihrer Low Carb Diät. Vor allem denen, mit denen Sie enger zusammenarbeiten. So sparen Sie sich deren Blicke und müssen nicht jedes Mal von Neuem erklären, warum Sie keinen Zucker im Kaffee mehr wollen. Indem Sie von Anfang an offen mit Ihrer Low Carb Ernährungsumstellung umgehen, machen Sie sich außerdem weniger angreifbar. Und wer weiß... vielleicht reißen Sie den ein oder anderen Kollegen mit!

Tipp 5: Sorgen Sie für Spaß und Belohnung beim Umsetzen der Low Carb Ernährung. Wenn Sie zum Beispiel Ihr Frühstück vorbereiten, schalten Sie Ihre Lieblingsmusik dazu ein. Oder wenn Sie die erste Woche überstanden haben, belohnen Sie sich mit einer Massage oder einem neuen Buch (bitte nicht mit Essen). So sorgen Sie dafür, dass Ihr Unterbewusstsein die Low Carb Diät mehr und mehr mit etwas Positivem verbindet und sie Ihnen leichter fallen wird.

Zum Backen

Natürlich kann man nicht nur Low Carb KOCHEN, sondern auch Low Carb BACKEN! Vielleicht fragen Sie sich, wie das funktionieren soll, denn gerade beim Backen kommen die Kohlenhydrate erst so richtig ins Spiel. Doch es ist tatsächlich möglich, dabei mehr oder weniger auf

Kohlenhydrate zu verzichten. So stellt das Low Carb Backen gerade zur Weihnachtszeit eine tolle Methode dar, um Kalorien und Kohlenhydrate zu reduzieren, die sich sonst in Form von Hüftspeck bemerkbar machen.

Welche Mehlsorten sind für das Low Carb Backen geeignet?

Weizenmehl, Dinkelmehl, Vollkornmehl und Kichererbsenmehl sind allesamt nicht für das Low Carb Backen geeignet. Doch keine Sorge, es gibt leckere und gesunde Alternativen.

Sojamehl ist das Mehl, das am wenigsten Kohlenhydrate hat, nämlich pro 100 Gramm nur 3,1 Gramm. Darauf folgt das Mandelmehl mit nur 3,5 Gramm Kohlenhydrate auf 100 Gramm. Auch das Kokosmehl eignet sich hervorragend mit nur 8,9 Gramm Kohlenhydrate auf 100.

Sojamehl ist nussig im Geschmack und lässt sich für jegliche Backwaren gut verwenden. Ein weiterer Vorteil ist, dass es bindend wirkt. Dadurch könnte man Eier durch Sojamehl ersetzen. Man muss aber darauf achten, dass man Sojamehl mit einer anderen Mehlsorte beim Low Carb Backen mischt, denn es ersetzt das Weizenmehl nicht ganz.

Das **Mandelmehl** ist entölt und enthält somit weniger Fett und Kalorien als die Mandeln in ganzer Form. Vor allem eignet es sich für süßes Gebäck, außerdem hat es einen nussigen Geschmack. Allerdings weist es eine trockene Konsistenz auf und muss von dem her mit Flüssigkeit vermischt werden. Sollten Sie ein herkömmliches Rezept nachbacken und statt Weizen- dann Mandelmehl verwenden, achten Sie darauf, dass Sie die empfohlene Menge an Flüssigkeit erhöhen oder dem Teig ein Ei beimengen. Genau wie beim Sojamehl ist es auch beim Mandelmehl nicht möglich, es als vollwertigen Ersatz des Weizenmehls zu verwenden. Das Klebereiweiß namens Gluten ist darin nicht enthalten, weshalb es an Stabilität der Konsistenz fehlt und der Teig nicht so gut aufgeht. Pauschal empfehle ich je Rezept 10-20 Prozent des Mehls durch Mandelmehl zu ersetzen, aber nicht mehr.

Kokosmehl als dritte Alternative enthält viele Ballaststoffe, schmeckt nussig und kann ganz einfach selbst hergestellt werden. Sie mahlen Kokosflocken so lange in Ihrem Mixer bis die Konsistenz der des Mehls gleicht. Man ersetzt Weizenmehl durch Kokosmehl im Verhältnis von 1 zu 5. Schon 20 Gramm an Kokosmehl ersetzen also 100 Gramm des Weizenmehls. Ein Nachteil ist, dass Kokosmehl sehr viel Flüssigkeit im Teig aufsaugt, weshalb dieser leicht trocken wird. Verwenden Sie

deshalb zusätzlich Flüssigkeit oder geben Sie Eier hinzu bis die Konsistenz des Teigs wieder passt.
Wie Sie sehen, lässt sich Weizenmehl nicht ganz so einfach und nicht immer 1 zu 1 ersetzen durch die Low Carb Mehl-Alternativen. Das Gluten, welches im Weizenmehl enthalten ist, sorgt dafür, dass das Brot aufgeht und saftig wird. Deshalb gebe ich Ihnen den Tipp, dass Sie dem Teig **Mandeln, Ballaststoffe, Nüsse oder Verdickungsmittel** hinzugeben. Glutenfreie Verdickungsmittel sind zum Beispiel **Johannisbrotkern- und Guarkenmehl**.

Low Carb Rezepte für Anfänger

Verschiedenes

Pizza mit Thunfischboden

Zubereitungsdauer	40 Minuten
Portionen	1
Kalorien pro Portion	199,3 kcal
Fett	6g
Kohlenhydrate	1g
Eiweiß	34g

Zutaten Boden:

- 1 Ei
- 1 EL Quark
- 1 Dose Thunfisch

Zubereitung:

Ei, Thunfisch und Quark zu einer Masse verarbeiten. Den Teig auf Backpapier zu einem Boden formen. Den Pizzaboden bei 200°C Umluft für 10-15 Min. backen, nach Wunsch belegen, erneut 10-15 Min. backen.

Blumenkohlpüree mit Garnelen

Zubereitungsdauer	35 Minuten
Portionen	2
Kalorien pro Portion	252,35 kcal
Fett	9,5g
Kohlenhydrate	22g
Eiweiß	18g

Zutaten:

- 1 Blumenkohl
- Salz
- 200g Garnelen
- 1 EL Öl
- 100g Pilze
- 2 EL Crème fraîche
- 1 Hand voll Rucola
- Gewürze nach Belieben

Zubereitung:

Den Blumenkohl putzen und im Wasser zusammen mit etwas Salz kochen lassen. Währenddessen die Garnelen säubern und in etwas Öl zusammen mit den zerkleinerten Pilzen anbraten. Den fertigen Kohl in kleine Röschen teilen und anschließend zerstampfen. Etwas fettarme

Crème fraîche in das Püree unterrühren. Mit Gewürzen abschmecken. Garnelen, Rucola und Pilze auf dem Püree verteilen.

Flammkuchen mal anders

Zubereitungsdauer	40 Minuten
Portionen	1
Kalorien pro Portion	330,29 kcal
Fett	19,6g
Kohlenhydrate	4,7g
Eiweiß	31,4g

Zutaten:

- 1 EL Flohsamenschalen oder 1 TL Flohsamenmehl
- 100g Quark
- 1 Ei
- Salz und Pfeffer evtl. Kräuter, 10 Min. quellen lassen
- 50g Frischkäse
- 1 Tomate
- 100g Rucola

Zubereitung:

Quark, 1 EL Flohsamenschalen bzw. 1 TL Flohsamenmehl mit dem Ei vermengen. Mit Salz, Pfeffer, Kräutern würzen, für 10 Min. ruhen lassen. Den Teig auf dem Blech ausbreiten, bei 180°C für 15-20 Min. backen. Anschließend mit Frischkäse, Tomaten und Rucola belegen und weitere 5-10 Min. in den Backofen geben.

Mediterrane Gemüsepfanne

Zubereitungsdauer	25 Minuten
Portionen	2
Kalorien pro Portion	246,4 kcal
Fett	8g
Kohlenhydrate	17g
Eiweiß	23g

Zutaten:

- 100g Sojawürfel
- Paprikapulver
- 2 EL Tomatenmark
- 1 EL Olivenöl
- 1 Aubergine
- 1 Zucchini
- 2 Karotten
- 1 Paprika
- 100ml Brühe

Zubereitung:

Die Sojawürfel einweichen und zusammen mit etwas Paprikapulver und Tomatenmark in Olivenöl anbraten. Die Auberginen, Zucchini, Karotten und Paprika waschen, schneiden und ebenfalls in Olivenöl anbraten und würzen. Die Sojawürfel dazugeben und mit stückigen Tomaten und etwas Brühe aufgießen.

Erbsenpfanne

Zubereitungsdauer	30 Minuten
Portionen	2
Kalorien pro Portion	295,5 kcal
Fett	4g
Kohlenhydrate	29g
Eiweiß	34g

Zutaten:

- Zwiebel und Knoblauch, Olivenöl
- 1 Zucchini
- 1 Auberginen
- 1 Paprika
- 100g Sojawürfel
- 100g Champignons
- je 100g Erbsen und Dosentomaten

Zubereitung:

Das Gemüse klein schneiden, bis auf die Champignons, und im Backofen etwas vorrösten. Dann die Sojawürfel nach Packungsangaben vorbereiten. Pilze in Öl anbraten, Erbsen, Dosentomaten und das geröstete Gemüse hinzugeben. Alles gut umrühren und mit Knoblauch und Zwiebeln abschmecken.

Gebackener Hirtenkäse

Zubereitungsdauer	30 Minuten
Portionen	1
Kalorien pro Portion	600,8 kcal
Fett	43g
Kohlenhydrate	6g
Eiweiß	43g

Zutaten:

- 1 Packung Hirtenkäse oder Schafskäse
- 2 Knoblauchzehen
- 2 EL Olivenöl
- ½ TL Kräuter der Provence
- 1 Prise Cayennepfeffer
- 1 Prise Paprikapulver, rosenscharf
- 5 Cocktailtomaten
- 5 Champignons
- 5 Oliven
- 1 Zwiebel
- Pfeffer aus der Mühle

Zubereitung:

Den Käse in eine Form legen und mit gewünschten Gewürzen nach Belieben würzen. Den Knoblauch schälen, zerkleinern und diesen dann gleichmäßig auf dem leckeren Hirtenkäse verteilen. Anschließend das Olivenöl über den Käse geben. Die Tomaten klein schneiden. Pilze, Oliven, Zwiebeln und Tomaten in die Form zum Hirtenkäse hinzugeben. Pfeffer drüberstreuen und den Käse im vorgeheizten Backofen für 15-20 Minuten backen lassen (180°C – Mittlere Schiene).

Champignon Omelette

Zubereitungsdauer	15 Minuten
Portionen	1
Kalorien pro Portion	236,3 kcal
Fett	15g
Kohlenhydrate	7g
Eiweiß	16,6g

Zutaten:

- 5 Champignons, klein geschnitten
- 2 Eier

- 1 Schuss Milch
- Salz, Pfeffer
- 1 kleine Paprika
- 1 TL Öl
- etwas Petersilie

Zubereitung:

Eier, Milch, Pfeffer und Salz verquirlen, in eine Pfanne hineingeben, mit Deckel abdecken und kochen lassen. Champignons in Öl anbraten und würzen. Omelette anrichten, die Pilze zugeben und verschließen. Wer möchte kann das Omelette noch mit Petersilie verfeinern.

Gemüsesuppe mit Wurst

Zubereitungsdauer	40 Minuten
Portionen	2
Kalorien pro Portion	339 kcal
Fett	14g
Kohlenhydrate	31g
Eiweiß	19g

Zutaten:

- 1/2 Hokkaido-Kürbis
- 1/2 Blumenkohl
- 1/2 Steckrübe
- 5 Möhren
- 1 Lauch
- 1/2 Sellerie
- 100g Frischkäse
- 1 Liter Hühnerbrühe
- 200ml Milch 3,5%
- Salz, Pfeffer, Kurkuma, Petersilie

Zubereitung:

Das Gemüse klein schneiden. In 1L Gemüsebrühe für 15 Min. weichkochen lassen. Nun vorsichtig mit dem Stampfer das Gemüse zerstampfen. Milch, Frischkäse und Gewürze je nach Geschmack hinzugeben. Als kleines Extra angebratene Wurst und/oder Kürbiskerne hinzugeben.

Merguez-Würste mit Zwiebelsoße

Zubereitungsdauer	45 Minuten
Portionen	2
Kalorien pro Portion	690,65 kcal
Fett	52g
Kohlenhydrate	25g
Eiweiß	25,5g

Zutaten:

- 5 Zwiebeln
- 1 EL Öl
- 2 Merguez-Würste
- 250ml Rama Cremefine
- ½ Blumenkohl
- Gewürze (Salz, Pfeffer, Muskat)
- ½ Kohl
- 1 Ei
- 1 EL Butter

Zubereitung:

Die großen Zwiebeln (5 Stück) in dünne Ringe schneiden und bei mittlerer Hitze für 15 Min. im Öl anschwitzen. Die gebratenen Zwiebeln herausnehmen und die Wurst in der Pfanne anbraten. Die Zwiebeln wieder dazugeben und alles gemeinsam anbraten. Mit 250ml Rama Cremefine ablöschen. Die Masse würzen. Währenddessen den Blumenkohl kochen lassen, das Wasser abgießen, stampfen und pürieren. Ein Ei unterschlagen mit einem EL Butter und Gewürzen vermischen.

Abendbrot Labskaus LC

Zubereitungsdauer	25 Minuten
Portionen	2
Kalorien pro Portion	509 kcal
Fett	24,8g
Kohlenhydrate	19,4g
Eiweiß	49,6g

Zutaten:

- 1/2 großen Blumenkohl
- 1-2 Süßkartoffeln
- 1 rote Beete (die vorgekochte) püriert
- 1 Dose Corned Beef
- Pfeffer, Salz
- 2 Eier, 4 Rollmops und Gurken

Zubereitung:

Blumenkohl und Süßkartoffel für 10 Min. kochen und dann klein stampfen. Corned Beef und rote Beete anbraten. Nun alle Zutaten vermischen und abschmecken.

Falsche Bratkartoffeln mit Gulasch

Zubereitungsdauer	15 Minuten
Portionen	2
Kalorien pro Portion	653,65 kcal
Fett	37g
Kohlenhydrate	20g
Eiweiß	55,5g

Zutaten:

- 2 Kohlrabi, klein geschnitten
- 1 EL Butter, Salz, Curry und Kurkuma
- 500g Hackfleisch
- 1 Dose gehackte Tomaten
- 1 EL Tomatenmark
- etwas Frischkäse

Zubereitung falsche Kartoffeln:

Kohlrabi für 5 Min. kochen, Wasser abschütten und in der Pfanne mit wenig Butter anbraten. Mit Salz, Curry und Kurkuma würzen. Fertig sind die falschen Bratkartoffeln.

Zubereitung Gulasch:

½ kg Hack zusammen mit dem gewünschten Gemüse anbraten. Eine Dose gehackte Tomaten dazugeben und mit einem EL Tomatenmark und etwas Frischkäse abschmecken. Ca. 1 Std. köcheln.

Kürbiscremesuppe

Zubereitungsdauer	25 Minuten
Portionen	2
Kalorien pro Portion	331,55 kcal
Fett	20g
Kohlenhydrate	26g
Eiweiß	9,5g

Zutaten:

- 1 Kürbis, 2 Zwiebeln, 1 Knoblauchzehe in Würfel schneiden
- 3 cm Ingwer gewürfelt
- 1 Suppenwürfel
- Salz und Pfeffer
- 1 Schuss Sahne

Zubereitung:

Gemüse und Ingwer in der Pfanne anbraten, Wasser aufgießen, einen Suppenwürfel darin auflösen, würzen und köcheln lassen, bis alles weich ist. Nun alles pürieren und einen kleinen Schuss Sahne dazugeben.

Letscho

Zubereitungsdauer	20 Minuten
Portionen	2
Kalorien pro Portion	159 kcal
Fett	1,3g
Kohlenhydrate	30g
Eiweiß	6g

Zutaten:

- 1 Zucchini, klein geschnitten
- 2 Paprika in Streifen
- 1 Zwiebel, 1 Knoblauchzehe gewürfelt
- 2 Tomaten klein geschnitten
- 1 EL Tomatenmark, Salz, Pfeffer
- Italienische Kräuter

Zubereitung:

Zuerst die Zwiebel anschwitzen, Paprika und Zucchini zugeben. Etwas Tomatenmark dazu, mit Salz, Pfeffer und italienischen Kräutern würzen. Die Tomaten kommen ganz zum Schluss rein. Das Ganze nur etwas köcheln lassen und kurz ziehen lassen.

Kräuter Omelett mit Spinatfüllung

Zubereitungsdauer	25 Minuten
Portionen	2
Kalorien pro Portion	657,14kcal
Fett	42g
Kohlenhydrate	16g
Eiweiß	49g

Zutaten Füllung:

- 1 Zwiebel
- 5 Scheiben Bacon, in Streifen geschnitten
- ¼ rote Paprika
- 3 Champions
- 300g Blattspinat
- 5 Cocktail-Tomaten geviertelt
- 1 EL Tomatenmark
- 50ml Sahne
- 2 EL Schmand
- 1 EL Butter

Zutaten Omelett:

- 4 große Eier
- 75ml Sahne
- 1 EL getrocknete Kräuter
- 1 TL Butter
- Salz und Pfeffer

Zubereitung:

Gemüse klein schneiden und mit Bacon in Butter anbraten, Spinat, Tomatenmark, Sahne und Schmand zugeben und für 10 Min. köcheln, mit Salz und Pfeffer würzen, Tomaten unterheben. Eier, Sahne, Salz und Kräuter und Pfeffer aufschlagen, in Butter anbraten und von der einen Seite mit dem Deckel stocken lassen. Das Omelett mit der fertigen Spinatmasse füllen.

Rote-Linsen-Eintopf

Zubereitungsdauer	90 Minuten
Portionen	3
Kalorien pro Portion	809,9 kcal
Fett	43g
Kohlenhydrate	50g
Eiweiß	50g

Zutaten:

- 2 Karotten
- 3 Stangen Staudensellerie
- 3 Zwiebeln
- 3 Knoblauchzehen
- 1 rote Paprika
- 1 kleine Zucchini
- ½ Fenchel
- 300g Tomaten
- 4 EL Tomatenmark
- 1L Brühe
- 1 kleine Chicorée
- 2 Kaffeetassen rote Linsen
- 4 kleine Chorizo-Würstchen
- 1 spanische Ringsalami
- Salz, Pfeffer
- Oregano, Thymian, Salbei, Estragon, Rosmarin

Zubereitung:

Gemüse kleinschneiden. Karotten, Staudensellerie und Zwiebeln anbraten. Eine Knoblauchzehe hacken und dazugeben. Paprika, Fenchel und Zucchini darauf schichten und eine Knoblauchzehe hacken und dazugeben. Zucchini, Zwiebeln, Chicorée und die dritte Knoblauchzehe als nächste Schicht oben draufgeben. Die Brühe erhitzen, Tomatenmark einrühren, Kräuter unterheben und über das Gemüse gießen. Eine Tasse Linsen dazugeben und für 20 Min. köcheln lassen, alles gut umrühren und eine weitere Tasse Linsen zufügen. Die ersten Linsen verkochen und dicken den Eintopf ein, alles für weitere 20 Min. köcheln und evtl. nachwürzen. Den Darm von den Würsten entfernen, in Scheiben schneiden, anbraten und zum Eintopf geben.

Hackfleisch

Zoodeln mit einer Hackfleischkäsesoße

Zubereitungsdauer	20 Minuten
Portionen	1
Kalorien pro Portion	1103,7 kcal
Fett	79g
Kohlenhydrate	15g
Eiweiß	75g

Zutaten:

- 250g Hackfleisch
- 2 Frühlingszwiebeln
- 50ml Hühnerbrühe
- 100g Frischkäse

- Salz, Pfeffer, Paprika edelsüß

Zubereitung:
Hack anbraten, Frühlingszwiebeln zugeben und mit Brühe ablöschen, Frischkäse hinzugeben und nach Belieben würzen.

Paprikagemüse mit Hackfleisch

Zubereitungsdauer	35 Minuten
Portionen	2
Kalorien pro Portion	919 kcal
Fett	42g
Kohlenhydrate	55g
Eiweiß	74g

Zutaten:

- 2 Zwiebeln, in Ringe geschnitten
- 1 Paprika, in Würfel geschnitten
- 2 Karotten, in Stifte geschnitten
- 1 Salatgurke, gewürfelt
- 400g Tomaten aus der Dose
- 1 Tube Tomatenmark
- 500ml Hühnerbrühe
- ½kg Hackfleisch
- Salz, Pfeffer, Chili
- Paprikapulver

Zubereitung:
Gemüse mit den Tomaten und Tomatenmark im Topf andünsten und mit ungefähr ½ L Brühe auffüllen. Zum Schluss Fleisch zufügen, bei kleiner Flamme mitkochen und würzen.

Hackfleisch-Röllchen

Zubereitungsdauer	60 Minuten
Portionen	4
Kalorien pro Portion	1060,2 kcal
Fett	73g
Kohlenhydrate	10g
Eiweiß	83g

Zutaten:

- 200g Emmentaler, in Stifte geschnitten
- 1 Packung Bauchspeck
- 1kg Hack
- 1 Zwiebel & Knoblauchzehe
- 15g geriebene Mandeln & Kürbiskerne
- 15g Flohsamenschalen
- 3 Eier
- Salz, Pfeffer, Rosenpaprika, Chili, Piment, Muskat, Senf
- 20g Leinsamenmehl
- 100g Rosmarinschinken

Zubereitung:

Hackfleisch vermischen und würzen. Den Käse in den Schinken bzw. Speck wickeln. Das Hack um die Käse-Wurst-Rolle herumwickeln und auf ein Backblech legen. Die Hackfleisch-Röllchen bei 170°C Umluft für 45 Min. backen.

Hackfleisch-Roulade

Zubereitungsdauer	65 Minuten
Portionen	3
Kalorien pro Portion	939,3 kcal
Fett	60g
Kohlenhydrate	8g
Eiweiß	85g

Zutaten:

- 750g Hackfleisch
- Salz, Pfeffer, Knoblauch
- 3 Eier
- 20g Mandeln, gerieben
- 50g Parmesan
- 100g Schinken
- 200g Blattspinat

Zubereitung:

Hackfleisch vorbereiten und mit Salz, Pfeffer, Knoblauch, 3 Eiern, geriebenen Mandeln und Parmesan vermischen. Die Hackfleischmasse auf einer Folie ca. 1cm dick verteilen und mit Schinken belegen. Zuerst den Käse darüber verteilen und schließlich auch den Blattspinat. Die Hack-Roulade mit der Folie aufrollen. Nun die Rolle in Speck einwickeln und für 30 Min. bei 190°C in den Backofen geben. Nach der 1/2 Std. die Folie entfernen und für weitere 15 Min. backen lassen.

Gefüllter Hackbraten mit Bohnen

Zubereitungsdauer	90 Minuten
Portionen	2
Kalorien pro Portion	1164,5 kcal
Fett	67g
Kohlenhydrate	40g
Eiweiß	92g

Zutaten:

- 1kg Rinderhackfleisch
- 2 Zwiebeln
- 1 EL Tomatenmark
- 2 Eier
- Salz, Paprikapulver
- 50g Frischkäse
- 4 Scheiben Schinken
- 150g Feta
- 1 kg Bohnen
- 1 EL Nussbutter, zerlassen

Zubereitung:

Rinderhack mit klein geschnittenen Zwiebeln, Tomatenmark und Eiern verkneten, Masse auf Backpapier verstreichen, so dass ein ca. 1cm hoher Boden entsteht. Die Füllung wird je nach Geschmack angerührt: Frischkäse auf der Hackschicht verstreichen, Schinken oder Mortadella darauf verteilen und Feta darüber bröckeln. Mit dem Backpapier die Masse zusammenrollen und in Form bringen. Den Braten bei 180°C Umluft für 1 Std. garen. Nach 45 Min. etwas Wasser oder Fond angießen. 1 kg Bohnen bei mittlerer Flamme in Nussbutter anbraten und mit Salz würzen.

Kohlhackfrischkäsepfanne mit Walnüssen

Zubereitungsdauer	30 Minuten
Portionen	2
Kalorien pro Portion	1098,5 kcal
Fett	78g
Kohlenhydrate	17g
Eiweiß	74g

Zutaten:

- 1 Spitzkohl, geschnitten
- 500g Hackfleisch
- 150g Frischkäse pur
- 1–2 große Zwiebeln, klein geschnitten
- etwas Gemüsebrühpulver
- 2 Hände Walnüsse, grob gehackt

Zubereitung:

Den Kohl in einem großem Topf mit etwas Öl anbraten, dann bei geringer Hitze für 10 Min. schmoren. Zwiebeln in einer Pfanne anbraten und zum Kohl geben. Hack separat anbraten und nach Wunsch würzen. Danach alles vermischen und gut rumrühren. Frischkäse, Brühpulver und Nüsse hinzugeben. Fertig.

Zwiebel-Gemüse-Hackauflauf

Zubereitungsdauer	60 Minuten
Portionen	2
Kalorien pro Portion	1124,7 kcal
Fett	72g
Kohlenhydrate	21g
Eiweiß	90g

Zutaten:

- 500g Hackfleisch
- 500g Brokkoli
- 3 große Tomaten
- 1 Knoblauchzehe
- 1 Zwiebel
- 100 ml Cremefine
- 2 Eier
- 1 Packung Feta
- Salz und Pfeffer

Zubereitung:

Das Hackfleisch anbraten. Zwiebeln anschwitzen, Brokkoli aufkochen. Hack mit Knoblauch und Gewürzen würzen, Tomaten unterheben mit dem Brokkoli in eine Auflaufform geben. Den Feta darüber verteilen. Die gedünsteten Zwiebeln darauf geben und den Feta verteilen. Eier mit Creme Fina verquirlen und über den Auflauf gießen. Für 20 Min. bei 200°C in den Backofen.

Gefüllte Paprikaschoten in Tomatensauce

Zubereitungsdauer	60 Minuten
Portionen	3
Kalorien pro Portion	762,9 kcal
Fett	45g
Kohlenhydrate	31g
Eiweiß	53g

Zutaten:

- 3 rote Paprika halbiert, entkernt, gehäutet
- 500g Mett, nach Geschmack würzen
- 2 Zwiebeln
- 2 Knoblauchzehen
- 1 Packung passierte Tomaten

- ½ Becher Schmand
- 1 EL Olivenöl
- Salz, Pfeffer, Zucker, Oregano, Thymian, Paprika, etwas Salbei
- 1 Packung Feta zum Gratinieren

Zubereitung:
Das Mett nach Geschmack würzen (Salz, Zwiebeln, Pfeffer und etwas Senf). Die ausgehöhlte Paprika mit Mett, Knoblauch und Zwiebeln füllen, in Öl und wenig Butter anbraten, mit Deckel für 10 Min. dünsten lassen. Tomaten angießen, kräftig würzen und auf kleiner Stufe 20 Min. köcheln lassen. Schmand einrühren, die Paprika mit Feta belegen, für weitere 5 Min. köcheln.

Hähnchen

Gemüsepfanne mit Hühnchen

Zubereitungsdauer	25 Minuten
Portionen	2
Kalorien pro Portion	528,95 kcal
Fett	7,5g
Kohlenhydrate	20g
Eiweiß	20g

Zutaten:

- 250g Champions
- 2 Zucchini
- 1 Paprika
- 2 Tomaten
- 600g Hähnchenbrust
- Salz, Pfeffer, Knoblauch, Kräuter

Zubereitung:

Champions, Paprika, Zucchini und Tomaten waschen und klein schneiden. Hähnchenbrust anbraten und geschnittenes Gemüse hinzugeben. Mit Salz, Pfeffer, Knoblauch und verschiedenen Kräutern je nach Belieben würzen und etwas köcheln lassen.

Hähnchen-Gemüsepfanne

Zubereitungsdauer	25 Minuten
Portionen	1
Kalorien pro Portion	333,1 kcal
Fett	6,5g
Kohlenhydrate	19,5g
Eiweiß	47,5g

Zutaten:

- 180g Hähnchenbrustfilet
- 50g Möhren
- 75g Zucchini
- 20g Frühlingszwiebeln
- 50ml Milch 1.5%
- 30g Schmelzkäse

Zubereitung:

Das Hähnchenbrustfilet und das Gemüse zerkleinern, anbraten, nach Wunsch würzen und schärfen. Käse und Milch einrühren, bis eine feine Sauce entsteht.

Hähnchenfächer

Zubereitungsdauer	45 Minuten
Portionen	3
Kalorien pro Portion	534 kcal
Fett	27g
Kohlenhydrate	7g
Eiweiß	62g

Zutaten:

- 3 Hähnchenbrüste
- 3 Tomaten
- 3 Kugeln Mozzarella
- 2 EL Pesto (Geschmack nach Wahl)

Zubereitung:

Die Hähnchenbrust mehrmals einschneiden und in jede Tasche etwas Pesto, 1 Scheibe Mozzarella und 1 Scheibe Tomate geben. Alles noch mit etwas Pesto bestreichen und ab in Backofen. Bei ungefähr 185°C Umluft für 30-35 Min. backen.

Hähnchenschenkel mit Ofengemüse

Zubereitungsdauer	60 Minuten
Portionen	1
Kalorien pro Portion	600,7 kcal
Fett	28g
Kohlenhydrate	27g
Eiweiß	56g

Zutaten:

- 1 Hähnchenschenkel
- Salz, Pfeffer, Rosmarin, Kräuter der Provence

- 1 EL Olivenöl
- je 1 Karotten, Kohlrabi, Aubergine, Zucchini & 1 Hand voll Brokkoli

Zubereitung:
Die Schenkel nach Geschmack würzen, auf den Rost legen. Tipp: Fettpfanne darunter stellen, um das tropfende Fett aufzufangen. Klein geschnittenes Gemüse würzen, gut vermischen, auf ein Backblech geben und alles bei 200°C für 45-50 Min. backen.

Curry mit Hähnchen

Zubereitungsdauer	30 Minuten
Portionen	2
Kalorien pro Portion	665,5 kcal
Fett	31g
Kohlenhydrate	33g
Eiweiß	59g

Zutaten:

- 400g Hähnchenbrust
- 6 Champions
- 2 Zwiebel
- 2 Möhren
- 1 Paprika
- 1 Lauchzwiebel
- 1 Dose Kokosmilch
- Kokosnuss-Raspeln
- 1 EL Erdnussbutter
- Currypulver, Chili, Salz

Zubereitung:
Alle Zutaten kleinschneiden. Zuerst die Hähnchenbrust im Topf kurz anbraten. Dann die Zwiebeln und Pilze dazugeben. Anschließend das

restliche Gemüse mit anbraten und mit der Kokosmilch aufgießen. Die restlichen Zutaten hinzugeben und alles für 5 Minuten köcheln lassen.

Maishühnchen mit Kürbisgemüse

Zubereitungsdauer	50 Minuten
Portionen	2
Kalorien pro Portion	907,5 kcal
Fett	41g
Kohlenhydrate	64,5g
Eiweiß	63,9g

Zutaten:

- 600g Huhn, zerteilt
- Salz
- 2 EL Sojasauce, Sambal Oelek
- 1EL Limettensaft
- ½ Hokkaido-Kürbis
- 1 Zwiebel
- 3 Pastinaken
- 5 Möhren kleingeschnitten mit 2 Esslöffeln Rapsöl

Zubereitung:

Für die Marinade 2 EL Sojasauce, etwas Sambal Oelek und 1 EL Limettensaft vermischen, das Huhn damit einpinseln. Gemüse in eine feuerfeste Form füllen, Huhn darauf setzen und bei 220 Grad für 35 Min. im Ofen garen.

Hähnchenbrust-Gemüse-Auflauf

Zubereitungsdauer	60 Minuten
Portionen	3
Kalorien pro Portion	783,9 kcal
Fett	39,5g
Kohlenhydrate	14,2g
Eiweiß	87,5g

Zutaten:

- 1kg Hähnchenbrust, gewürfelt
- 500g Gemüse nach Wahl
- 2 Becher Sahne, light
- 150g Streukäse (1 Beutel)

Zubereitung:

Gemüse nach Wahl waschen, schneiden und über dem Fleisch in der Auflaufform verteilen. Sahne erhitzen und zusammen mit dem Streukäse schmelzen, würzen und über das Fleisch gießen. Mit Käse bestreuen und für 40 Min. bei 200°C Ober- und Unterhitze im Backofen backen.

Hühnerfrikassee mit Reis

Zubereitungsdauer	45 Minuten
Portionen	3
Kalorien pro Portion	494,15 kcal
Fett	15,5g
Kohlenhydrate	26,8g
Eiweiß	59,7g

Zutaten:

- 3 Hähnchenbrustfilets in Streifen

- 300ml Gemüsebrühe
- 4 Stangenspargel gewürfelt
- ½ Bund Suppengrün & Zwiebeln gewürfelt
- 10g Guarkernmehl
- 1 Becher Cremefine
- 45g Frischkäse
- Salz, Pfeffer, Paprikapulver
- 200g Reis
- Petersilie

Zubereitung:
Gemüse zusammen in der Gemüsebrühe gar kochen. Das gewürzte Fleisch in einer Pfanne kurz anbraten, zur Seite stellen, die Creme Fina und den Frischkäse unter das Suppengrün rühren, bei niedriger Temperatur weiterköcheln lassen, mit Mehl vorsichtig andicken. Gegartes Fleisch und Reis hinzu geben, würzen und für 3 Min. bei niedriger Temperatur ziehen lassen. Mit Petersilie bestreuen.

Süßes

Himbeerbonbons

Zubereitungsdauer	3-5 Stunden
Portionen	1
Kalorien pro Portion	19,49 kcal
Fett	0,2g
Kohlenhydrate	3,4g
Eiweiß	0,9gk

Zutaten:

- 100g Xucker
- 1-2 Teelöffel gefriergetrocknete Früchte in Pulverform
- Puderxucker

Zubereitung:

1 EL Wasser mit dem Xucker erhitzen bis alles aufgelöst ist. 1-2 TL gefriergetrocknete Früchte in Pulverform hinzugeben. Hier sind es Himbeeren, man kann aber auch je nach Geschmack variieren. Das Ganze gut vermischen und umrühren. Die Masse sofort in Förmchen aus Silikon füllen und für 3-5 Std. abkühlen lassen. Sobald sie fertig sind, können die Bonbons noch mit Puderxucker bestreut werden.

Schoko-Kokos-Pudding

Zubereitungsdauer	25 Minuten
Portionen	3
Kalorien pro Portion	105,7 kcal
Fett	17,6g
Kohlenhydrate	4,4g
Eiweiß	4,0g

Zutaten:

- 500ml ungesüßte Mandelmilch
- 1 TL Xanthan
- 1 TL Backkakao, Xucker
- 10g Kokosöl

Zubereitung:

Milch mit einem gehäuften TL Xanthan in einem Topf sehr gut und schnell verrühren. Je nach Belieben mit Xucker oder ähnlichen Süßungsmitteln kurz aufkochen lassen, Backkakao hinzufügen (je nachdem, wie schokoladig der Pudding sein soll). Dann Kokosöl dazugeben und mit dem Schneebesen oder Pürierstab verrühren. Die

Masse köcheln lassen. Anschließend in Gläser abfüllen, kühlen lassen und dekorieren.

Blaubeerpfannkuchen

Zubereitungsdauer	20 Minuten
Portionen	1
Kalorien pro Portion	187,4 kcal
Fett	7,0g
Kohlenhydrate	10,1g
Eiweiß	19,7g

Zutaten:

- 60g Magerquark
- 50ml Wasser
- 2 Eiweiß
- 1 Eigelb
- 1 TL Xucker Light
- 20g Eiweißpulver Vanille-Sahne
- 50g Blaubeeren
- 1 Prise Salz

Zubereitung:

Lebensmittel zu einem glatten Teig verarbeiten, auf einem Blech verstreichen. Im Ofen backen lassen, sobald er goldbraun ist herausnehmen.

Beeren-Frühstück

Zubereitungsdauer	5 Minuten
Portionen	1
Kalorien pro Portion	353 kcal
Fett	17,6g
Kohlenhydrate	6,2g
Eiweiß	36,1g

Zutaten:

- 300g Sojajoghurt mit 20g Eiweißpulver
- 50g Beeren,
- Je 1 EL Chiasamen, Leinsamen, Mandeln oder Walnüsse

Zubereitung:

Für ein schnelles und einfaches Frühstück einfach etwas Sojajoghurt mit Eiweißpulver vermischen. Ein paar Beeren, Chiasamen, Leinsamen, Mandeln und/oder Walnüsse darauf geben und genießen.

LC-Quarkknödel mit Zwetschkenröster

Zubereitungsdauer	60 Minuten
Portionen	3
Kalorien pro Portion	561,6 kcal
Fett	35,2g
Kohlenhydrate	40g
Eiweiß	17,2g

Zutaten:

- 30ml Essig
- je 15g Butter, Flohsamenschalen & Kokosmehl
- 250 g Quark
- 1 Ei

- 1kg Zwetschgen

Zubereitung:
Alle Zutaten vermischen und für 10-15 Min. ruhen lassen. Anschließend formen und im siedenden Wasser für 10 Minuten kochen lassen. Dann in geriebenen Nüssen wälzen.
Für die Zwetschkenröster 1kg entsteinte Zwetschken, Saft einer Zitrone, ¼ L Wasser und Rotwein vermischen. 1 Vanilleschote und 1-2 EL Xucker hinzurühren. So lange einkochen bis die Konsistenz passt (kontinuierlich umrühren).

Apfelmus-Dessert

Zubereitungsdauer	25 Minuten
Portionen	2
Kalorien pro Portion	591,4 kcal
Fett	16,5g
Kohlenhydrate	91,4g
Eiweiß	15,3g

Zutaten:

- 1kg Äpfel kleingeschnitten, mit Zitrone beträufelt
- 2 Stangen Zimt
- 10g Xucker
- 400g Joghurt, 10% Fett
- 40g Walnüsse

Zubereitung:
100ml Wasser mit Zimtstangen in einem Topf aufsetzen, Äpfel zugeben und für 15 Min. köcheln lassen. Xucker nach Geschmack und mehr Äpfel einrühren und mit einem Stampfer zerdrücken. Etwas Joghurt auf dem Apfelmus in einem Schälchen verteilen und mit Walnüssen garnieren.

Mokka-Mousse

Zubereitungsdauer	15 Minuten
Portionen	2
Kalorien pro Portion	368,6 kcal
Fett	32,8g
Kohlenhydrate	9,2g
Eiweiß	6,3g

Zutaten:

- 250ml Rama Cremefine
- 1 EL Backkakao, Flavdrops Mokka
- 1 EL Chiasamen
- 1 EL Kokosnuss-Raspeln
- 80ml Milch
- 1 Hand voll Früchte nach Wahl

Zubereitung:

Rama Cremefine oder Schlagsahne fest schlagen. Anschließend Backkakao, Flavdrops Mokka, Chia, Kokosnuss-Raspeln und Milch hinzugeben und alles gut verrühren. Die Masse im Kühlschrank ruhen lassen und vor dem Verzehr mit Frucht nach Wahl verzieren.

Apfelkompott

Zubereitungsdauer	35 Minuten
Portionen	2
Kalorien pro Portion	157,9 kcal
Fett	0,3g
Kohlenhydrate	37,3g
Eiweiß	0,5g

Zutaten:

- 6 Äpfel, in Stifte geschnitten
- 3 EL Xucker
- ½ TL Zimt
- 2 EL Wasser

Zubereitung:
Xucker, Zimt und Wasser zusammen mit den Äpfeln aufkochen lassen und alles bei kleinster Stufe für 30 Min. köcheln lassen.

Schoko-Dessert

Zubereitungsdauer	10 Minuten
Portionen	1
Kalorien pro Portion	489,3kcal
Fett	24,6g
Kohlenhydrate	44,1g
Eiweiß	19,4g

Zutaten:

- 4 EL Haferkleie
- 2 Gläser Milch
- 1 EL Xucker
- 1 EL Kakao und 1 EL Zimt
- 1 EL Kokosflocken
- 10g Walnüsse

Zubereitung:
Haferkleie mit Milch und Xucker vermischen und für 5 Min. aufkochen lassen. Anschließend Kakao hinzufügen und alles gut verrühren. Die Masse in einen Teller geben und mit Kokosflocken, Walnüssen und Zimt garnieren.

Joghurt-Quarkspeise schwarz-weiß

Zubereitungsdauer	15 Minuten
Portionen	2
Kalorien pro Portion	309,1kcal
Fett	13g
Kohlenhydrate	10,8g
Eiweiß	35g

Zutaten:

- 200g Magerquark
- 100g Joghurt
- 2 EL Eiweißpulver Vanille
- 2 EL Eiweißpulver Schoko
- 1 EL Kakaopulver
- 2 EL Kokosraspeln
- 2 TL Xucker, light
- 1 EL Kokosflocken

Zubereitung:

Quark, Joghurt, Xucker und Kokosraspeln vermischen und in 2 kleine Schüsseln verteilen. In der einen Schüssel das Eiweißpulver Vanille unterrühren und in der anderen Schüssel das Eiweißpulver Schoko und das Kakaopulver einrühren. Nun zuerst den Vanille Quark in das Dessertglas füllen, anschließend den Schokoquark und zum Schluss die Kokosflocken.

Quark-Joghurt mit Beeren

Zubereitungsdauer	10 Minuten
Portionen	1
Kalorien pro Portion	380,3kcal
Fett	3g
Kohlenhydrate	46,8g
Eiweiß	34,3g

Zutaten:

- 150g aufgetauter Beerenmix
- 200g Quark
- 100g Joghurt
- 2 EL Xucker

Zubereitung:

Alle Zutaten miteinander sehr gut verrühren. Bis zum Zeitpunkt des Servierens kühl stellen.

Beeren-Pancake

Zubereitungsdauer	15 Minuten
Portionen	2
Kalorien pro Portion	232,5 kcal
Fett	11,4g
Kohlenhydrate	7,2g
Eiweiß	23,6g

Zutaten:

- 100g TK-Beerenmix
- 20g Mandelmehl
- 25g Eiweißpulver, Vanillegeschmack
- 3 Eier

- 1 Päckchen Backpulver
- 25ml Süßstoff, flüssig
- 1 EL Sonnenblumenöl zum Backen

Zubereitung:
Für 4 Pancakes die Lebensmittel gut vermischen, Beerenmix behutsam unterrühren. Im heißen Öl etwas Teig in die Pfanne geben, kurz anbraten und wenden.

Salat

Bunter Salat mit Avocado-Dressing

Zubereitungsdauer	60 Minuten
Portionen	3
Kalorien pro Portion	491 kcal
Fett	33g
Kohlenhydrate	29,9g
Eiweiß	10g

Zutaten:

- 50g Rucola
- 1 Karotte
- 1 halbe Gurke
- 50g Himbeeren

- 1 kleine Tomaten
- 100ml Dressing
- 1 halbe Paprika
- 20g Walnüsse

Zubereitung:
Etwas Rucola, klein geschnittene Karotten, halbierte Gurkenscheiben, Himbeeren und kleine Tomaten in einer Schüssel vermischen und mit dem gewünschten Dressing würzen. Wer möchte kann auch noch Paprika, Walnüsse oder sonstige Leckereien hinzugeben.

Brokkoli-Salat mit Apfel und Paprika

Zubereitungsdauer	15 Minuten
Portionen	1
Kalorien pro Portion	596,4 kcal
Fett	21,4g
Kohlenhydrate	33g
Eiweiß	63,9g

Zutaten:

- 300 g Brokkoli, gekocht und in kleine Röschen geteilt
- 1 Apfel und 1 Paprika, klein geschnitten
- 1 Hähnchenbrust
- 1 EL Olivenöl

Zubereitung:
Zutaten vermischen und nach Belieben würzen. Als „Beilage“ bietet sich ein Hähnchen-Minutenschnitzel an.

Blumenkohl-Kichererbsen Salat

Zubereitungsdauer	15 Minuten
Portionen	1
Kalorien pro Portion	214,1 kcal
Fett	3,6g
Kohlenhydrate	28,7g
Eiweiß	15,3g

Zutaten:

- 300g Blumenkohl
- 100g Kichererbsen
- Curry und sonstige Gewürze

Zubereitung:

Blumenkohl aufkochen, in kleine Röschen teilen, Kichererbsen einweichen und quellen lassen. Alles vermischen und mit etwas Curry und Gewürzen je nach Belieben würzen.

Caprese mit Oliven und Basilikum

Zubereitungsdauer	10 Minuten
Portionen	1
Kalorien pro Portion	567,5 kcal
Fett	44,6g
Kohlenhydrate	12g
Eiweiß	25,2g

Zutaten:

- 1 große Tomate & 1 Mozzarella in Scheiben geschnitten
- 4 abgetropfte Oliven
- Basilikum
- 15ml Olivenöl & Balsamico

- Salz & Pfeffer

Zubereitung:
Tomate und Mozzarella auf dem Teller anrichten und mit Oliven garnieren. Basilikum auf dem Teller verteilen und würzen. Mit Öl und Balsamico das Gericht abrunden und genießen. Tipp: Schmeckt lecker zu gegrilltem oder gebratenem Hühnchen.

Wurstsalat

Zubereitungsdauer	15 Minuten
Portionen	2
Kalorien pro Portion	436,1 kcal
Fett	70,9g
Kohlenhydrate	9,4g
Eiweiß	42,4g

Zutaten:

- je 100g Lyoner, Emmentaler und Gewürzgurken
- 1 Zwiebel
- Je 2 EL Essig, Öl, Gurkenwasser
- Salz, Pfeffer, Paprika edelsüß

Zubereitung:
Lyoner, Emmentaler und die Gewürzgurken in dünne Streifen schneiden. Die Zwiebeln werden in dünne Ringe geschnitten. Essig, Öl und etwas Gurkenwasser werden mit Salz und Pfeffer abgeschmeckt. Der Salat sollte mindestens 1 Std. ziehen.

Caesar-Salat

Zubereitungsdauer	10 Minuten
Portionen	1
Kalorien pro Portion	280,8 kcal
Fett	20,2g
Kohlenhydrate	9,8g
Eiweiß	6,4g

Zutaten:

- 100ml Rama Cremefine
- 50g Salat
- 1 EL Sardellenpaste
- 1 Knoblauchzehe
- 1 TL Zitronensaft, Salz, Pfeffer
- 15g Parmesan

Zubereitung:
Salat nach Wunsch verwenden und das Dressing wie folgt zubereiten: Rama Cremefine, 1 TL Sardellenpaste, ein Spritzer Zitronensaft, Knoblauchzehe, Pfeffer, Salz und Parmesan vermischen und über den Salat geben.

Salat vom Rotkohl mit Walnuss und Granatapfel

Zubereitungsdauer	10 Minuten
Portionen	2
Kalorien pro Portion	390 kcal
Fett	28,7g
Kohlenhydrate	20,7g
Eiweiß	9,3g

Zutaten:

- ½ Rotkohl, in feinen Stücke
- 70g Walnusskerne, gehackt
- Saft und Kerne von 1 Granatapfel
- 30g TK-Petersilie & Kokosraspel
- 60ml Apfelessig & 10ml Walnussöl gemischt mit
- Salz, Pfeffer würzen

Zubereitung:

Rotkohl mit dem Saft, Kernen, Nüssen und dem Dressing vermengen. Mit den Kokosraspeln und Petersilie garnieren.

Low Carb Rezepte für Berufstätige

Snacks

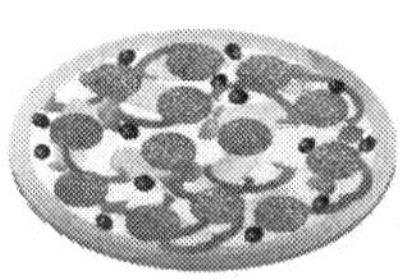

Selbstgemachter Wrap mit Guacamole und Hähnchen

Zubereitungsdauer	30 Minuten
Portionen	1
Kalorien pro Portion	897,3 kcal
Fett	62,8g
Kohlenhydrate	19,7g
Eiweiß	56,8g

Zutaten:

- 1 Mozzarella
- 1 Ei
- 1/2 TL Flohsamenschalen
- 1 Avocado
- Salz, Pfeffer, Limettensaft, Knoblauch
- 100g Fleisch (beliebig)

Zubereitung:
Mozzarella, Ei und Flohsamenschalen in einen Mixer geben und danach zu einem Wrap formen, auf Backpapier bei 160°C Ober- und Unterhitze 10-15 Min. backen. Für die Guacamole die Avocado aushöhlen und pürieren. Anschließend mit Salz, Pfeffer, Limettensaft und etwas Knoblauch würzen. Danach den fertigen Wrap mit Guacamole füllen und je nach Belieben mit gebratenem Fleisch belegen.

Schinken-Käse-Champignons

Zubereitungsdauer	40 Minuten
Portionen	1
Kalorien pro Portion	302,4 kcal
Fett	10,8g
Kohlenhydrate	1g
Eiweiß	11,3g

Zutaten:

- 2 große Champignons
- 1 Scheibe Bauernschinken, klein geschnitten
- 2 EL Crème Fraîche
- 30g geriebener Emmentaler

Zubereitung:
Schinken mit Crème Fraîche, Käse und Gewürzen vermengen. Den Stiel der Champignons abschneiden, die Köpfe mit der Masse füllen, auf ein Backblech in den Ofen stellen. Zuerst 20 Min. bei 180°C garen lassen. Danach auf Ober-Unterhitze umstellen und für 10 Min. weiter garen.

Flammkuchen

Zubereitungsdauer	60 Minuten
Portionen	3
Kalorien pro Portion	394,2 kcal
Fett	20,3g
Kohlenhydrate	9,4g
Eiweiß	40,7g

Zutaten:

- 3 Eier
- 250g Magerquark
- 150g geriebener Käse
- 100ml Schmand
- 100g Speck
- 2 Zwiebeln

Zubereitung:
Für den Teig 3 Eier, 250g Magerquark und 100g Käse verrühren, dünn auf einem Blech ausbreiten, bei 180 Grad für 20 Min. backen. Den Teig mit Schmand bestreichen, Speck darauf verteilen, in dünne Ringe geschnittene Zwiebeln drauflegen, mit Käse bestreuen, erneut für 20 Min. bei 180 Grad backen.

Kohlrabi-Pommes

Zubereitungsdauer	30 Minuten
Portionen	1
Kalorien pro Portion	76,5 kcal
Fett	3,2g
Kohlenhydrate	7,4g
Eiweiß	4g

Zutaten:

- 1 großer Kohlrabi, in Stifte geschnitten
- 1 TL Öl
- Gewürzmischung (Pommesgewürz)
- Paprikapulver
- Currypulver

Zubereitung:
Kohlrabi mit Gewürzen und Öl vermengen, auf ein Backblech legen und im warmen Ofen für 25 Min. bei 200 Grad backen.

Sandwich mit Mozzarella

Zubereitungsdauer	25 Minuten
Portionen	1
Kalorien pro Portion	603,5kcal
Fett	45,2g
Kohlenhydrate	4,2g
Eiweiß	40,4g

Zutaten:

- 2 Eigelb
- 30g Frischkäse
- 1/4 TL Backpulver

- 1 Msp. Salz & Pfeffer
- 2 steifgeschlagene Eiweiß
- 1 Tomate, in Scheiben geschnitten
- 100g Mozzarella, in Scheiben geschnitten
- 10g Pesto & Basilikum
- 5g gehackter Rosmarin

Zubereitung:
Frischkäse mit Eigelb, Backpulver und Salz vermischen, Eischnee vorsichtig unterheben. Die Masse mit einem Löffel auf dem Blech in runden Talern anordnen, mit Rosmarin und Salz berieseln, bei 140°C und Umluft 15 Min. backen. Die Taler mit Pesto bestreichen und mit den geschnittenen Scheiben belegen, mit Basilikum verfeinern. Deckel drauf und schmecken lassen

Spinat-Rolle

Zubereitungsdauer	20 Minuten
Portionen	2
Kalorien pro Portion	470,5 kcal
Fett	31,9g
Kohlenhydrate	1,8g
Eiweiß	40,7g

Zutaten:

- 6 Eier
- 100g geriebenen Mozzarella, 100g Blattspinat
- 100g Rucherlachs
- Salz, Pfeffer und Kräuter nach Belieben

Zubereitung:
Eier, Mozzarella, Blattspinat, Salz, Pfeffer und Kräuter vermischen. Den Teig gleichmäßig auf einem Blech verteilen, für 10 Min. bei 180°C backen. Den Frischkäse auf dem Teig verschmieren und das Ganze mit

Räucherlachs belegen, zusammenrollen und in fingerbreite Scheiben schneiden. Kalt oder warm genießbar.

Schoki-Porridge mit Kokos und Früchten

Zubereitungsdauer	15 Minuten
Portionen	1
Kalorien pro Portion	227,6 kcal
Fett	16,1g
Kohlenhydrate	8,3g
Eiweiß	10,8g

Zutaten:

- 100ml Wasser
- 100ml Milch
- 1 EL Chiasamen
- 4 EL Leinsamen, geschrotet
- 3 EL Haselnuss, gemahlen
- 1 EL Backkakao

Zubereitung:
Wasser und Milch vermischen und zum Kochen bringen. Die restlichen Zutaten hinzugeben und bei kleinerer Flamme ziehen lassen. Kokosflocken und Früchte über das Porridge geben sobald es abgekühlt ist.

Zucchini-Paprika Puffer

Zubereitungsdauer	20 Minuten
Portionen	1
Kalorien pro Portion	302,3 kcal
Fett	14,9g
Kohlenhydrate	20,8g
Eiweiß	19,1g

Zutaten:

- 1 Zucchini gerieben & gesalzen
- 1 Paprika & Zwiebel gewürfelt
- Salz, Pfeffer, Knoblauch
- Italienische Kräuter
- 2 Eier, 1 EL Sauerrahm

Zubereitung:
Zucchini auspressen, Eier, Knoblauch, Kräuter, Zwiebeln und Paprika zugeben, mit Salz, Pfeffer würzen und gut vermengen. Kleine Plätzchen formen und anbraten. Aus Sauerrahm mit ein paar Kräutern, Salz und Pfeffer kann man einen passenden Dip zaubern.

Gefüllte Thunfisch-Zucchini

Zubereitungsdauer	45 Minuten
Portionen	1
Kalorien pro Portion	378,2 kcal
Fett	21,7g
Kohlenhydrate	14,5g
Eiweiß	28,5g

Zutaten:

- 1 Zucchini, halbiert und ausgehöhlt

- 1 Zwiebeln & Knoblauch, kleingeschnitten
- Salz, Pfeffer
- Italienische Kräuter
- 50g Thunfisch in eigenem Saft, abgetropft
- 2 EL Sauerrahm
- Eine halbe Mozzarellakugel, gewürfelt
- 1 EL Tomatenmark, 2 EL passierte Tomaten, Oregano

Zubereitung:
Die halbe Zucchini im Backofen für 15 Min. garen. Die ausgehöhlte Masse klein hacken, mit den Zwiebeln anschwitzen und Salz, Pfeffer, Knoblauch und Kräutern würzen, Thunfisch zufügen, alles gut umrühren, für 5 Min. anrösten, in eine Schale füllen, Mozzarella und Sauerrahm dazugeben. Nun alles vorsichtig umrühren und abschmecken. Die vorgebackenen Zucchinihälften befüllen, den restlichen Mozzarella darauf verteilen. Schmeckt gut zu Salat oder einer Tomatensoße. Für die Sauce eine klein geschnittene Zwiebel und etwas Knoblauch dünsten, Tomaten und Tomatenmark zufügen, mit Oregano, Pfeffer und Salz würzen und ein wenig einkochen. Zuerst in die Auflaufform die Tomatensoße geben und dann die gefüllten Zucchini darauf platzieren. Bei 180 Grad 20 Min. backen.

Büro-Snack

Zubereitungsdauer	5 Minuten
Portionen	1
Kalorien pro Portion	379,3 kcal
Fett	16,4g
Kohlenhydrate	49,6g
Eiweiß	5,7g

Zutaten:

- Obst und Nüsse (z.B. je 100g Apfel, Banane, Mandarine und 25g Walnüsse)

Zubereitung:
Verschiedenes Obst klein schneiden und mit ein paar Nüssen genießen. Ob Orangen, Bananen, Äpfel oder Birnen – Obst kann man immer gut kombinieren, vor allem mit Nüssen aller Art.

Diät-Pizza

Zubereitungsdauer	60 Minuten
Portionen	1
565,8	762,9 kcal
Fett	35,1g
Kohlenhydrate	5,1g
Eiweiß	53,4g

Zutaten:

- 3 Eiweiß, steif geschlagen
- 3 Eigelb
- 25g Quark
- 5g Butter für das Blech
- je 50g Mozzarella, Tomaten, Champignons, Thunfisch und Schinken

Zubereitung:
Eigelb mit Quark glattrühren, Eischnee unterheben. Die gesamte Masse auf einem eingefetteten Blech verteilen, bei 180°C für 30 Min. backen. Den Teig auskühlen lassen, nach Wunsch belegen. In diesem Fall mit Mozzarella, Tomaten, Champignons, Thunfisch und Schinken, dann für 15 Min. zu Ende backen.

Zucchini-Rolle

Zubereitungsdauer	90 Minuten
Portionen	4
Kalorien pro Portion	820,3 kcal
Fett	59,3g
Kohlenhydrate	7,1g
Eiweiß	58,5g

Zutaten:

- 1 Zucchini, geraspelt
- 2 Zwiebeln, gehackt
- 4 Eier
- 100g Mandeln, gemahlen
- 200g Käse, gerieben
- Pfeffer, Kräuter
- 10 Scheiben Kassler und 10 Scheiben Mettwurst
- 3 Tomaten, 2 Mozarellakugeln
- 200g Kräuter-Frischkäse

Zubereitung Rolle:

Die Zucchini ausdrücken und mit Zwiebeln, Eiern, Mandeln und Käse vermengen. Mit Pfeffer und verschiedenen Kräutern nach Wahl würzen. Den Teig auf einem Backpapier auslegen und für 40 Min. bei 160°C Umluft backen.

Zubereitung Belag:

Für den Belag 10 Scheiben Kassler und 10 Scheiben Mettwurst klein schneiden. 3 Tomaten hacken und 2 Mozzarella würfeln. Alles mit 200g Kräuter-Frischkäse vermischen und nach Geschmack würzen. Den fertigen Teig mit dem Belag bestreichen, zusammenrollen und für weitere 20 Min. in den Ofen geben. Ein Tzaziki-Dip oder Salat passt gut dazu.

Schinken-Käse-Pfannkuchen

Zubereitungsdauer	15 Minuten
Portionen	3
Kalorien pro Portion	249,3 kcal
Fett	16,1g
Kohlenhydrate	1,2g
Eiweiß	23,1g

Zutaten:

- 5 Eier
- 100g klein geschnittenen Kochschinken
- 150g geriebenen Käse
- 45g Schnittlauch
- Salz, Pfeffer
- 1 EL Sonnenblumenöl

Zubereitung:

Eier, Käse und Schinken in einer Schüssel mischen, mit Schnittlauch, Pfeffer und Salz würzen. Die Pfannkuchen in einer Pfanne mit Öl anbraten.

Salat

Gebratene Ente auf Rucola-Salat

Zubereitungsdauer	30 Minuten
Portionen	1
Kalorien pro Portion	506 kcal
Fett	35g
Kohlenhydrate	5,8g
Eiweiß	38,3g

Zutaten:

- 300g Entenbrust
- 1 TL Birkenzucker
- ½ TL Essig
- Salz, Pfeffer
- 80g Rucola

Zubereitung:

Die Entenbrust von Silberhaut befreien und die Haut einschneiden. Nach Belieben marinieren. Tipp: Ente mit Essig, Salz, Pfeffer und einem TL Birkenzucker einschmieren, gute 3 Std. im Kühlschrank ziehen lassen. Backofen auf 170° vorheizen. Entenbrust mit der Hautseite zuerst ohne zusätzliches Fett goldbraun braten. Die andere Seite ungefähr zwei Minuten lang anbraten. Danach kommt die Entenbrust in den vorgeheizten Backofen für ungefähr 15 Min. Die Entenbrust am Abend vorkochen und als Mittagessen zur Arbeit mitnehmen und mit frischem Rucola-Salat essen.

Avocado-Shrimp-Salat

Zubereitungsdauer	60 Minuten
Portionen	2
Kalorien pro Portion	412,3 kcal
Fett	27,5g
Kohlenhydrate	8,7g
Eiweiß	29,4g

Zutaten:

- 250g gewürzte Garnelen
- 150g Gurke & Tomate gewürfelt
- 1 Avocado & 1 kleine Zwiebel gewürfelt
- 10g Petersilie klein geschnitten
- Saft von 2 Limetten

Zubereitung:
Garnelen in wenig Öl gar braten, zerkleinern, in eine Schüssel füllen. Saft, Gurke, Tomaten, Avocado, Zwiebeln und Petersilie zu den Garnelen geben und gut verrühren, mit Salz und Pfeffer würzen.

Rote-Bete-Spaghetti-Salat

Zubereitungsdauer	10Minuten
Portionen	1
Kalorien pro Portion	793,4 kcal
Fett	61,3g
Kohlenhydrate	23,2g
Eiweiß	31,3g

Zutaten:

- 200g Rote-Bete-Spaghetti
- 100g gemischten Salat

- 100 Ziegenweichkäse
- 50g Haselnüsse und gemischte Kerne
- 1 EL Olivenöl und ein paar Tropfen Weißweinessig

Zubereitung:
Gemischten Salat anrichten. Darauf die Rote-Bete-Spaghetti verteilen. Mit dem Käse, Nüssen und gemischten Kernen veredeln. Als Dressing etwas Olivenöl und ein paar Tropfen Weißweinessig auf dem Salat verteilen. Rote Bete Spaghetti: Die Rote Bete entweder schon fertig kaufen oder mit einem Spiralschneider in Form bringen.

Rote-Bete-Karotten-Salat

Zubereitungsdauer	15 Minuten
Portionen	1
Kalorien pro Portion	587,4 kcal
Fett	32,7g
Kohlenhydrate	21,2g
Eiweiß	32,7g

Zutaten:

- 100g Rote Bete
- 1 EL Essig, Öl
- 50g Salat
- 50g Joghurt
- 30g Walnüsse
- 1 Scheibe Eiweißbrot
- 1 EL Tomaten- und Paprikamark
- 50g Räuchertofu

Zubereitung:
Die Rote Bete waschen und zerkleinern. Als Dressing beliebig Essig und Öl verwenden. Den Salat mit etwas Joghurt und ein paar Walnüssen verfeinern. Als Beilage ein Eiweißbrot mit Tomaten- & Paprikamark, Räuchertofu und Salat belegen.

Nudelsalat Low Carb

Zubereitungsdauer	25 Minuten
Portionen	4
Kalorien pro Portion	546 kcal
Fett	44g
Kohlenhydrate	7,4 g
Eiweiß	25,9g

Zutaten:

- 4 Eier
- 2 Mozzarella
- 15g Flohsamenschalen
- ¼ TL Salz
- 150g gekochte Erbsen
- 400g Geflügel-Fleischwurst, in Streifen
- 1 rote gewürfelte Paprika
- 1 Becher Crème fraîche

Zubereitung:
Die ersten 4 Zutaten mit dem Pürierstab mixen, auf ein mit Backpapier ausgelegtem Backblech dünn verteilen, für 15 Min. bei 150 Grad Umluft backen, Teig in Streifen schneiden. Alles in eine Schüssel füllen und die Mozzarellanudeln dazugeben. Crème fraîche zugeben und behutsam umrühren.

Gemüse

Vegi-Eintopf

Zubereitungsdauer	25 Minuten
Portionen	1
Kalorien pro Portion	441,3 kcal
Fett	11,2g
Kohlenhydrate	53g
Eiweiß	29,2g

Zutaten:

- 2 Zwiebeln, 2 Schalotten, 1 Paprika, 1 Aubergine, 1 Zucchini
- 5 Champignons, 5 Cocktailtomaten
- 1 EL Öl
- 100g Sojafleisch/Tofu
- 200ml Gemüsebrühe
- 2EL Sambal Oelek & Tomatenmark
- 1 Packung Soja Cuisine
- Knoblauch, Pfeffer

Zubereitung:

Je nach Belieben verschiedenes Gemüse verwenden. Hier wurden Zwiebeln, Schalotten, Paprika, Aubergine, Zucchini, Champignons und Cocktailtomaten klein geschnitten verwendet. Das Gemüse in Öl anbraten, Sojafleisch bzw. Like Meat Filetstücke dazugeben und den in Stücke geschnittenen Tofu untermischen. Für die Soße etwas Gemüsebrühe anrühren, mit Sambal Oelek, Tomatenmark und einem Päckchen Soja Cuisine vermischen. Mit Knoblauch und Pfeffer würzen. Alles aufkochen lassen.

Ratatouille

Zubereitungsdauer	30 Minuten
Portionen	1
Kalorien pro Portion	407,1 kcal
Fett	13,9g
Kohlenhydrate	52,4g
Eiweiß	15,3g

Zutaten:

- 2 große, kleingeschnittene Zwiebeln
- Knoblauchzehe
- 1 EL Olivenöl, Salbei, Salz, Chili, Basilikum
- 1 große Fleischtomate, gewürfelt
- 1 Dose Tomaten
- 2 Karotten, 1 Paprika und 1 Zucchini klein geschnitten

Zubereitung:
Zwiebeln mit einer Knoblauchzehe in Öl andünsten, Fleischtomate für 10 Min. mitköcheln lassen. Dosentomaten für eine ½ Std. mitkochen lassen. Das Gemüse zugeben, alles gut vermischen, für 10 Min. garen und würzen.

Spaghetti-Kürbis-Carbonara

Zubereitungsdauer	60 Minuten
Portionen	1
Kalorien pro Portion	535,6 kcal
Fett	14,7g
Kohlenhydrate	75,7g
Eiweiß	21,6g

Zutaten:

- Kürbis entkernt (1 Hälfte)
- 60g Fitline 0.2%
- 100g Cuisine Soja light
- 100g italienische Kräuter
- 50g Speck, mager

Zubereitung:

Kürbis auf einem Blech mit der Schnittfläche nach oben im Backofen für 30-40 Min. bei 200 Grad garen und auskratzen. Die Kürbisspaghetti mit Fitline und Cuisine Soja light vermischen, mit italienischen Kräutern würzen und den Magerspeck darüber verteilen.

Zucchini- und Karottenspaghetti mit Avocadosauce

Zubereitungsdauer	20 Minuten
Portionen	1
Kalorien pro Portion	614,7 kcal
Fett	50,1g
Kohlenhydrate	23,7g
Eiweiß	12,6g

Zutaten:

- 1 Zucchini, 2 Karotten
- 1 Avocado, 1 EL Zitronensaft
- Knoblauch, Salz, Pfeffer, 1 EL Olivenöl
- 2 Artischocken, 50g getrocknete Tomaten

Zubereitung:

Die Zucchini und Karotten waschen, schälen und mit dem Spiralschneider in Spaghetti-Form bringen. Für die Avocadosauce die Avocado, Zitronensaft, Knoblauch, Salz, Pfeffer und Olivenöl zusammen pürieren. Die Spaghetti anrichten, die Avocadosauce darüber gießen und mit Artischocken und getrockneten Tomaten verzieren.

Thaicurry

Zubereitungsdauer	25 Minuten
Portionen	2
Kalorien pro Portion	343,5kcal
Fett	20,6g
Kohlenhydrate	22,7g
Eiweiß	14,3g

Zutaten:

- 1 Zwiebel
- 3cm Ingwer
- 1 EL Kokosöl
- 50g Brokkoli, 1 Zucchini, 2 Karotten, 1 Paprika, 100g Champignons
- 150g Tofu
- 2 EL Sojasauce, 100ml Kokosmilch
- 2 EL Grüne Currypaste

Zubereitung:

Zwiebel und Ingwer in Kokosöl anschwitzen. Den Tofu hinzugeben. Dann das gewaschene und geschnittene Gemüse dazugeben. Alles gut anbraten, mit Sojasauce und Kokosmilch aufgießen. Etwas grüne Currypaste einrühren und alles aufkochen lassen.

Shakshuka

Zubereitungsdauer	35 Minuten
Portionen	2
Kalorien pro Portion	380,9kcal
Fett	25g
Kohlenhydrate	14g
Eiweiß	22,1g

Zutaten:

- 2 EL Olivenöl
- ¼ TL Salz
- 2 EL Harissa (scharfe Chilipaste)
- 2 TL Tomatenmark
- 3 große rote Paprika & 5 große Tomaten, klein geschnitten
- 4 gehackte Knoblauchzehen
- 1 TL Kreuzkümmel, gemahlen
- 1 Dose Tomaten
- 6 Eier

Zubereitung:

Paprika, Tomatenmark, Chilipaste, Knoblauch, Kreuzkümmel und etwas Salz in einer Pfanne bei geringer Temperatur für 8 Min. anbraten. Nun die Dosentomaten hinzugeben und für 10 Min. köcheln lassen. Kleine Mulden in die Masse drücken und dort die Eier hineinschlagen. Im Ofen bei 200°C Umluft für ungefähr 10 Min. stocken lassen, bis das Eiweiß fest ist.

Kürbis-Lasagne

Zubereitungsdauer	50 Minuten
Portionen	4
Kalorien pro Portion	526,1 kcal
Fett	25,7g
Kohlenhydrate	21,7g
Eiweiß	48,4g

Zutaten:

- 3 Eier
- 125g Mozzarella
- Salz
- 1 geschnittene Zwiebel, 1 Knoblauchzehe
- 1 Kürbis, 3 Karotten, 1 Sellerie geschnitten

- 400g Schinken oder Hackfleisch
- Eine Dose gewürfelte Tomaten
- 3 Esslöffel Tomatenmark
- 100g Frischkäse, 100g Streukäse

Zubereitung:
Mozzarella mit Eiern und etwas Salz vermischen, auf einem Blech mit Backpapier ausgießen, für 20 Min. backen und den kalten Teig halbieren. Im Topf die Zwiebel mit einer Knoblauchzehe anschwitzen. Schinken oder Hackfleisch zugeben, gut anbraten. Das Gemüse mit hineingeben und mit einer Dose gewürfelter Tomaten aufgießen. 3 EL Tomatenmark dazugeben und für 10 Min. köcheln lassen. Zum Verfeinern Frischkäse hinein geben. Die Lasagne stapeln und mit Streukäse vollenden. 20 Min. backen.

Mediterraner Bohnentopf

Zubereitungsdauer	90 Minuten
Portionen	3
Kalorien pro Portion	283,4 kcal
Fett	9,6g
Kohlenhydrate	13,7g
Eiweiß	33,6g

Zutaten:

- 400g gewürfeltes Rindfleisch aus der Hüfte
- 2 mittlere Zwiebeln
- 4 große Knoblauchzehen
- 1 Dose gehackte Tomaten
- 150g grüne Bohnen
- 100g Weißkohl
- 2 Möhren
- 1 halbe rote Paprika & mittlere Zucchini
- 3 gehackte Tomaten

- ½ - ¾ L Gemüsebrühe
- 1 Bund Petersilie
- 3 Thymianzweige
- Saft einer halben Zitrone
- Salz, Pfeffer, Chili
- 2 EL Schmand

Zubereitung:
Fleisch anbraten, 10 Min. schmoren, Knoblauch und Zwiebeln zugeben. Tomaten angießen und mit etwas Brühe 30 Min. köcheln lassen. Karotten und Weißkohl hinzufügen und für weitere 10 Min. köcheln lassen. Paprika, Zucchini und grüne Bohnen dazugeben und mit Brühe angießen, mit Gewürzen, Zitronensaft abschmecken und für 20 Min. köcheln. Mit Schmand und gehackten Tomaten servieren.

Zucchini-Spaghetti mit Parmesan

Zubereitungsdauer	15 Minuten
Portionen	1
Kalorien pro Portion	444,5 kcal
Fett	33g
Kohlenhydrate	9,6g
Eiweiß	24g

Zutaten:

- 1 EL Öl, 2 Zucchini
- 50ml Rama Cremefine 15%
- 50g Parmesan und Basilikum

Zubereitung:
Die Zucchini mit einem Spiralschneider zu Spaghetti drehen. Die Spaghetti in einer Pfanne mit Öl für 10 Minuten anbraten. Dann Rama Cremefine 15% dazugeben, etwas köcheln lassen, würzen und zum Schluss mit Parmesan und Basilikum bestreuen.

Hähnchen

Mozzarella-Pesto-Hähnchen

Zubereitungsdauer	50 Minuten
Portionen	4
Kalorien pro Portion	477,8 kcal
Fett	21,4g
Kohlenhydrate	8,4g
Eiweiß	59,6g

Zutaten:

- 1 Paprika, rot
- 2 Tomaten
- 2 Lauchzwiebeln
- 4 Stück Hähnchenbrustfilets
- 2 in Scheiben geschnittene Mozzarella
- 2 EL Pesto

Zubereitung:

Lauchzwiebeln, Paprika sowie die Tomaten zerkleinern und in eine Auflaufform geben. Etwas Gemüse auf die Seite legen für den Schluss. Die Brustfilets mit Pesto bestreichen und mehrmals leicht einschneiden. Den Mozzarella in die Schlitze des Hähnchens drücken, übriges Gemüse darüber streuen, bei 180 Grad für 30 Min. bei Umluft garen.

Hähnchen-Schinken-Auflauf

Zubereitungsdauer	60 Minuten
Portionen	4
Kalorien pro Portion	589,3 kcal
Fett	40,5g
Kohlenhydrate	5g
Eiweiß	47g

Zutaten:

- 450g Hähnchenbrustfilet, in Scheiben geschnitten
- 100g Zwiebeln
- 2 Eier
- 110g Kochschinken
- 85g Crème Fraîche
- 200 g Sahne
- 150g geriebener Emmentaler

Zubereitung:

Auflaufform mit der Hähnchenbrust auskleiden, mit Pfeffer, Salz, Kräutern und etwas Olivenöl würzen. Den Schinken und die Zwiebeln zerkleinern und über das Hähnchen in der Form streuen. Eier, Crème Fraîche und Sahne gut verrühren und über das Hähnchen schütten, im Backofen für 20 Min. backen. Mit Käse bestreuen, weitere 20 Min. garen. Tipp: Wenn der Käse noch nicht gebräunt genug ist, kann man die letzten 5 Min. auf Ober- und Unterhitze umstellen.

Putenrouladen mit Frischkäse-Spinatfüllung

Zubereitungsdauer	30 Minuten
Portionen	1
Kalorien pro Portion	251,2 kcal
Fett	6,7g
Kohlenhydrate	10,5g
Eiweiß	35,6g

Zutaten:

- 100g Putenschnitzel
- 20g Frischkäse 0.2%
- 2 getrocknete Tomaten, geschnitten
- 150g Blattspinat
- 200g Kohlrabi, in Streifen geschnitten
- Gemüsebrühe, Pfeffer, Muskat, Paprika rosenscharf, Kräutersalz, Knoblauchflocken

Zubereitung:

Aufgetauten Spinat entwässern. Das Fleisch flachklopfen, eine Seite der Schnitzel mit Frischkäse bestreichen und etwas Spinat darauf verteilen, Tomaten darüber streuen, würzen mit Knoblauch, Muskat und Kräutersalz. Anschließend die Schnitzel zu einer Rolle drehen und von außen mit Paprika und Pfeffer würzen. Die Rouladen mit etwas Sojasoße und Wasser in einer Pfanne anbraten. Kohlrabi in etwas Gemüsebrühe garen lassen. Etwas von der Gemüsebrühe nehmen und mit dem Frischkäse vermischen und mit Bindomin abbinden. Anschließend kurz mit dem Kohlrabi aufkochen lassen.

Putengeschnetzeltes mit Gemüse

Zubereitungsdauer	45 Minuten
Portionen	1
Kalorien pro Portion	367,4 kcal
Fett	9,6g
Kohlenhydrate	22,7g
Eiweiß	45g

Zutaten:

- 1 gewürfelte Zwiebel
- 100g Champignons
- 200g Putenfleisch, Gemüsebrühe
- 50g Reibekäse
- 2 Karotten
- 100g Brokkoli

Zubereitung:
Zwiebeln dünsten, Champignons und Fleisch zugeben, gut anbraten. Anschließend mit dem gekochten Gemüse in eine Auflaufform füllen, mit Gemüsebrühe aufgießen, mit geriebenen Käse bestreuen und dann überbacken.

Hähnchen-Spinat-Auflauf

Zubereitungsdauer	75 Minuten
Portionen	1
Kalorien pro Portion	441,9 kcal
Fett	18g
Kohlenhydrate	9,6g
Eiweiß	57,3g

Zutaten:

- 150g Blattspinat, etwas Cremefine
- Salz, Pfeffer, Muskat
- 50g Schmelzkäse, 50g Streukäse
- 100g Tomaten in Scheiben
- 150g Hähnchenbrust in Streifen

Zubereitung:

Blattspinat mit Cremefine zum Kochen angießen, würzen, etwas Schmelzkäse zum Spinat geben und alles kurz aufkochen lassen und in eine Auflaufform geben. Hähnchenbrust leicht würzen, anbraten und auf den Spinat legen, Tomaten darauf verteilen, mit Käse bestreuen. Bei 200 Grad ca. ½ Std. garen.

Hähnchenbrust mit Spinat-Tomaten-Pfanne

Zubereitungsdauer	25 Minuten
Portionen	1
Kalorien pro Portion	629 kcal
Fett	20,1g
Kohlenhydrate	39g
Eiweiß	68,9g

Zutaten:

- 250g Hähnchenbrust
- Olivenöl
- 1 EL Sojasoße, Koriander, 1 EL Zitronensaft, Knoblauch, Salz und Pfeffer
- eine halbe Paprika, eine Zwiebel, einen halben Fenchel und eine Karotte, geschnitten
- 200g gehackter Spinat, ein entkernter Chicorée in Streifen
- 1 Dose gehackte Tomaten
- Kräuter

Zubereitung:

Das Fleisch über Nacht in Olivenöl, Sojasoße, Koriander, Zitronensaft, Knoblauch, Salz und Pfeffer ziehen lassen. Hähnchenbrust beidseitig kurz anbraten, etwas Marinade angießen, Deckel drauflegen und vom Herd nehmen. Zwiebeln mit dem Gemüse anbraten, 10 Min. köcheln lassen und wenig Marinade aufkochen. Chicorée, Spinat und gehackte Tomaten mit dazugeben, erneut 5 Min. köcheln lassen, Fleisch auf das Gemüse legen, mit Kräuter bestreuen, verschließen und für 5 Min. ziehen lassen.

Hähnchen-Mango-Pfanne

Zubereitungsdauer	35 Minuten
Portionen	4
Kalorien pro Portion	365,9 kcal
Fett	16,3g
Kohlenhydrate	18g
Eiweiß	34,4g

Zutaten:

- ½ kg Hähnchenbrustfilet, in Streifen
- 1 Mango, gewürfelt
- 1 Zwiebel & 4 Zehen Knoblauch, gehackt
- 30ml Olivenöl
- 200g Crème leicht
- 100g Joghurt
- ½ TL gemahlenen Koriander
- Pfeffer, Salz
- ½ TL, Kurkuma, Kreuzkümmel & Chilipulver
- 30g Tomatenmark & Frischkäse
- 1 kleine Dose gehackte Tomaten

Zubereitung:

Das Fleisch etwas salzen, mit Koriander im Öl anbraten und wieder aus der Pfanne nehmen. Zwiebel, Knoblauch im das Bratfett gut anbraten,

Crème leicht, Joghurt, Frischkäse, Tomaten und die übrigen Gewürze unterrühren und für kurze Zeit zu einer dickeren Sauce einkochen. Mango und Fleisch zufügen, 10 Min. bei niedriger Wärme ziehen lassen und abschmecken.

Hähnchenbrust auf Kürbis-Apfel-Gemüse

Zubereitungsdauer	75 Minuten
Portionen	4
Kalorien pro Portion	591,8 kcal
Fett	22,3g
Kohlenhydrate	39,1g
Eiweiß	48,4g

Zutaten:

- 600g Hähnchenbrust
- 700g Hokkaido-Kürbis in groben Stücken
- 150g gewürfelter Schinken
- 3 Chili-Schoten & 4 Knoblauchzehen fein hacken
- 3 Zwiebeln & 2 Äpfel, geviertelt
- 150ml Weißwein & 100ml Wasser
- 30g Xucker
- 10g Senf
- 75ml Olivenöl
- Paprikapulver, Salz, Pfeffer
- 2 Rosmarinzweige & Lorbeerblätter

Zubereitung:

Wasser, Wein, Honig und Senf verrühren. Kürbis, Äpfel, Chili-Schoten, Knoblauch, Zwiebeln und Schinken in 45ml heißem Öl anbraten, würzen, mit Weißwein-Honig-Sauce aufgießen, vermengen, für ca. 2 Min. schmoren, in eine Auflaufform geben und mit Rosmarin und Lorbeer im heißen Ofen für 20 Min. auf 200 Grad Ober-Unterhitze garen. Fleisch würzen und mit dem übrigen Öl in der Pfanne bei starker Hitze für 3 Min.

braten, auf ein Rost legen und auf der Schiene über den Bräter in den Ofen schieben und für etwa 15 Min. mit garen.

Fisch

Konjakreis mit Garnelen

Zubereitungsdauer	15 Minuten
Portionen	1
Kalorien pro Portion	318 kcal
Fett	11,6g
Kohlenhydrate	9,4g
Eiweiß	41,8g

Zutaten:

- 200g Gepulte & saubere Garnelen
- 100g Konjakreis
- 10g Butter
- 2 Knoblauchzehen
- Pfeffer, Salz

Zubereitung:

Bei geringer Hitze Garnelen in Butter und Knoblauch beidseitig anbraten und würzen. Anschließend den gekochten Reis hinzugeben und evtl. abschmecken.

Kaisergemüse mit Garnelen

Zubereitungsdauer	15 Minuten
Portionen	1
Kalorien pro Portion	385,5 kcal
Fett	12,2g
Kohlenhydrate	11,8g
Eiweiß	54,5g

Zutaten:

- 150g Kaisergemüse TK
- 250g Garnelen, gesäubert

Zubereitung:

Gemüse mit Wasser aufkochen, mit den Garnelen anbraten, nach Belieben würzen.

Karfiol-Brokkoli-Stampf mit Forelle

Zubereitungsdauer	40 Minuten
Portionen	1
Kalorien pro Portion	332,3 kcal
Fett	12,9g
Kohlenhydrate	6,2g
Eiweiß	45,7g

Zutaten:

- 150g Brokkoli und 100g Karfiol
- Salz
- 200g gereinigte Forelle
- 5g Butter, 1 Knoblauchzehe, 2 Zitronenscheiben
- 1 Rosmarinzweig

Zubereitung:

Brokkoli und Karfiol im Salzwasser weichkochen, abgießen, stampfen und würzen. Forelle würzen, mit etwas Butter, Zitronenscheiben, Knoblauch, Rosmarin füllen, auf Zitronenscheiben für 25 Min. bei 180 Grad garen. Den fertigen Fisch filetieren und auf dem Teller mit dem Gemüse anrichten.

Gemüse-Garnelen-Pfanne

Zubereitungsdauer	20 Minuten
Portionen	1
Kalorien pro Portion	460,3 kcal
Fett	18,7g
Kohlenhydrate	23,1g
Eiweiß	46,7g

Zutaten:

- 200g Garnelen
- 1 EL Olivenöl
- 1 Paprika, 1 Zucchini, 2 Frühlingszwiebeln und 2 Tomaten
- Salz, Pfeffer, Vegeta, Knoblauch und italienische Kräuter
- 1 EL Tomatenmark

Zubereitung:

Die Garnelen kurz in Olivenöl anbraten, herausnehmen und auf die Seite legen. Gemüse nach Wahl waschen und kleinschneiden. Man kann zum Beispiel Paprika, Zucchini, Frühlingszwiebeln und Tomaten nehmen, al dente braten und würzen. Etwas Tomatenmark rundet das Ganze ab und zum Schluss kommen die Garnelen wieder dazu. Alles gut umrühren.

Verschiedenes

Roastbeef-Gemüsepfanne

Zubereitungsdauer	25 Minuten
Portionen	1
Kalorien pro Portion	386,1 kcal
Fett	11,4g
Kohlenhydrate	21,9g
Eiweiß	46,5g

Zutaten:

- 150g geschnetzeltes Roastbeef
- 120g Zucchini & Paprika, geschnitten
- 60g Frühlingszwiebeln & Möhren, geschnitten
- 40ml Milch
- 40g Schmelzkäse

Zubereitung:

Roastbeef anbraten, Gemüse zufügen, Schmelzkäse und Milch unterrühren, bis der Käse geschmolzen ist.

Bolognese Spaghettikürbis

Zubereitungsdauer	60 Minuten
Portionen	2
Kalorien pro Portion	543,1 kcal
Fett	33,4g
Kohlenhydrate	18,1g
Eiweiß	38,5g

Zutaten:

- 600g Spaghettikürbis (Butternut-Kürbis)
- Italienische Kräuter
- 300g Hackfleisch
- 50g Parmesan
- 3 EL Tomatenmark

Zubereitung:

Den Backofen auf 200°C vorheizen. Den Kürbis halbieren und die Kerne entfernen, auf einem Backblech mit der Schnittfläche nach oben im Backofen für 30-40 Min. garen. In der Zeit Hack mit Tomatenmark anbraten. Nach dem Garen den Inhalt des Kürbis mit einer Gabel auskratzen. Die fertigen „Spaghetti" mit dem Fleisch vermengen, würzen und mit Parmesan bestreuen.

Rindersuppe

Zubereitungsdauer	4-5 Stunden
Portionen	4
Kalorien pro Portion	428,6 kcal
Fett	11,7g
Kohlenhydrate	25,1g
Eiweiß	53g

Zutaten:

- 1 kg Beinfleisch vom Rind
- 3 Rindsknochen
- 2 Markknochen
- 1 gr. Suppengrün
- 1 Zwiebel
- Lorbeerblatt, Pfefferkörner, Salz, Piment

Zubereitung:

Suppengrün und Zwiebel in etwas Öl anschwitzen und mit kaltem Wasser ablöschen. Fleisch hinzugeben und mit kaltem Wasser aufgießen bis es bedeckt ist. Das Ganze nun aufkochen lassen, den Schaum abschöpfen und die Temperatur drosseln und mit den Gewürzen würzen. Die Suppe nun zusammen mit dem Rind für 4-5 Std. simmern lassen.

Gulaschsuppe

Zubereitungsdauer	60 Minuten
Portionen	4
Kalorien pro Portion	452,4 kcal
Fett	14,4g
Kohlenhydrate	24,5g
Eiweiß	52,2g

Zutaten:

- je 500g Rind und Schweinegulasch
- 2 große Zwiebeln
- 1 oder 2 Knobi-Zehen
- ½ Tube Tomatenmark
- Salz, Pfeffer, Paprika
- Schuss Rotwein
- 1 EL Öl zum Anbraten
- 1 Liter Brühe

- 2 EL Frischkäse
- 150g grüne Bohnen, 3 Möhren, 2 Pastinaken

Zubereitung:
Das Fleisch scharf anbraten, Zwiebel und Knoblauch zerkleinern und hinzufügen, mit Rotwein ablöschen und für 10 Min. einkochen lassen. Tomatenmark, Brühe und Gewürze dazugeben und kochen lassen. Geschnittenes Gemüse zu dem zarten Fleisch geben, weitere 10 Min. leicht köcheln lassen. Mit Frischkäse und Gewürzen erneut abschmecken.

Frittata mit Gemüse, Schinken und Mozzarella

Zubereitungsdauer	30 Minuten
Portionen	4
Kalorien pro Portion	371,4 kcal
Fett	23,1g
Kohlenhydrate	6,4g
Eiweiß	31,8g

Zutaten:

- 1 Frühlingszwiebel, 1 Tomate, 1 Paprika, 1 Möhre
- 1 EL Öl
- 10 Eier
- 1 Becher Hüttenkäse, 125g Mozzarella und 1 Packung Schinkenwürfel
- Gewürze nach Wahl

Zubereitung:
Gemüse nach Wahl waschen, schneiden und mit etwas Öl anbraten. Für die Soße Eier mit Hüttenkäse, Mozzarella und Schinken anrühren. Mit Gewürzen nach Wahl würzen und das Ganze bei 150°C Umluft für 20 Min. im Backofen garen lassen, bis die Frittata durchgegart ist.

Chorizo-Pfanne

Zubereitungsdauer	20 Minuten
Portionen	2
Kalorien pro Portion	460,7 kcal
Fett	27,3g
Kohlenhydrate	27,5g
Eiweiß	23g

Zutaten:

- 1 Chorizo in Scheiben
- 1 Zwiebel in feine Ringe
- 2 Karotten, geschnitten
- 1 Zucchini & 1 Tomate, gewürfelt
- 1 Dose Bohnen
- 50g Mais, 1 Dose gehackte Tomaten, Salz, Chili

Zubereitung:

Chorizo bei geringer Hitze mit der Zwiebel anbraten. Karotten, Zucchini, Tomaten, Bohnen, etwas Mais und gehackte Tomaten dazu geben und alles kurz köcheln lassen. Mit Chili und Salz würzen.

Rindergulasch mit Stangenbohnen

Zubereitungsdauer	2,5 Stunden
Portionen	2
Kalorien pro Portion	470,6 kcal
Fett	11,9g
Kohlenhydrate	31,5g
Eiweiß	56,4g

Zutaten:

- ½ kg gewürfelte Zwiebeln

- ½ kg Rindfleisch
- 2 EL Tomatenmark, Salz, Pfeffer
- 2 EL Paprikapulver, Majoran, Kümmel, Knoblauch
- 2 Lorbeerblätter und 1 Schuss Essig
- 500ml Rinderbrühe
- 250g Stangenbohnen

Zubereitung:
Zwiebeln mit dem Fleisch anschwitzen. Tomatenmark, Gewürze, Lorbeerblätter und Essig zugeben, gut verrühren, mit der Suppe aufgießen und auf kleiner Hitze für 2 Std. köcheln lassen. Die Bohnen kochen, und sobald sie gar sind zum Gulasch geben und vermischen.

Rindfleisch-Topf mit Pfifferlingen

Zubereitungsdauer	60 Minuten
Portionen	2
Kalorien pro Portion	634,3 kcal
Fett	15,8g
Kohlenhydrate	73,9g
Eiweiß	45,1g

Zutaten:

- 1 Entrecôte (370g), gewürfelt
- 150g geputzte Pfifferlinge
- 2 gewürfelte Zwiebeln, Knoblauchzehen & 8 mittlere Kartoffeln
- 1 klein geschnittene Schmorgurke
- 75ml Weißwein
- ½ Becher Schmand
- Saft einer halben Zitrone
- 1 Bund gehackte Petersilie
- 5g Thymian
- Salz und Steakpfeffer

Zubereitung:
Fleisch scharf anbraten, in einen mittleren Topf geben und ruhen lassen. Kartoffeln kurz im Bratfett mit etwas Butter anbraten, Zwiebeln und Knoblauch zufügen, nach kurzer Zeit die Gurke zugeben und für 5 Min. schmoren, Pfifferlinge für weitere 5 Min. mitbraten. Weißwein angießen, würzen und Kräuter zufügen. Den Schmand unterheben und das Fleisch dazugeben. Den Herd ausstellen und das Fleisch heiß ziehen lassen.

Kalbsschnitzel mit Pfifferling-Ragout

Zubereitungsdauer	20 Minuten
Portionen	2
Kalorien pro Portion	355,8 kcal
Fett	21,3g
Kohlenhydrate	3,3g
Eiweiß	31g

Zutaten:

- 2 Kalbsschnitzel, planiert & gewürzt
- 250g Pfifferlinge
- zwei gewürfelte Charlotten
- 1 TL Saft einer Zitrone
- 1 EL Parmesan und 3 Salbeiblätter
- 50ml Weißwein
- ½ Becher Schmand
- 1 EL Öl und Butter
- gehackte Petersilie, Salz, Pfeffer

Zubereitung:
Die Schnitzel mit Zitronensaft, Parmesan und Salbeiblättern beträufeln bzw. bestreuen. Das Fleisch mit Mehl, Ei und Paniermehl panieren und bei mittlerer Hitze 3 Min. in Öl und Butter braten. Für das Pfifferling-Ragout Charlotten in Butter anbraten, Pfifferlinge zufügen und bräunen,

mit Wein ablöschen, Schmand unterheben, würzen und mit der Petersilie bestreuen.

LC Nudeln

Zubereitungsdauer	30 Minuten
Portionen	1
Kalorien pro Portion	508,2 kcal
Fett	34,8g
Kohlenhydrate	2,4g
Eiweiß	42,6g

Zutaten:

- 2 Eier
- 125g Mozzarella
- 1 gestrichener EL Gluten
- etwas Salz

Zubereitung:
Alles zu einem glatten Teig verarbeiten, behutsam und dünn auf ein Backblech mit Backpapier streichen, ca. 10-15 Min. backen, danach das Ganze aufrollen und vorsichtig in dünne, feine Streifen schneiden. Nach Belieben servieren mit Soße oder Salat.

Wirsingbeutel mit Hackfleisch und Käse

Zubereitungsdauer	70 Minuten
Portionen	2
Kalorien pro Portion	808,6 kcal
Fett	45,4g
Kohlenhydrate	25,2g
Eiweiß	69g

Zutaten:

- 1 kleiner Wirsingkohl
- 200g Hirtenkäse
- 2 Stück Zwiebel
- 3 Knoblauchzehen
- 400g Rinderhackfleisch
- Petersilie, TK
- Basilikum, TK
- Salz und Pfeffer
- 2 EL Olivenöl
- ½ TL Kreuzkümmel, gemahlen
- ½ TL Koriander, gemahlen
- Thymian
- 100ml Gemüsebrühe

Zubereitung:

8 bis 10 Wirsingblätter etwa 4 Min. blanchieren, mit kaltem Wasser abschrecken, übrigen Kohl und den Käse klein schneiden. Zwiebeln mit dem Knoblauch anbraten, Wirsing dazugeben, mit Koriander, Salz und Kümmel würzen, verrühren und kurz anbraten. Hack in einer Schüssel mit dem angebratenen Wirsing vermischen, Hirtenkäse und Kräuter dazugeben, mit Salz und Pfeffer abschmecken. Die blanchierten Kohlblätter einzeln in ein mittelgroßes Sieb legen. Die Hackmischung in die Blätter füllen, in eine Auflaufform legen, Brühe zugeben und für ½ Std. im vorgewärmten Ofen bei 180 Grad schmoren.

Low Carb Rezepte zum Backen

Brot

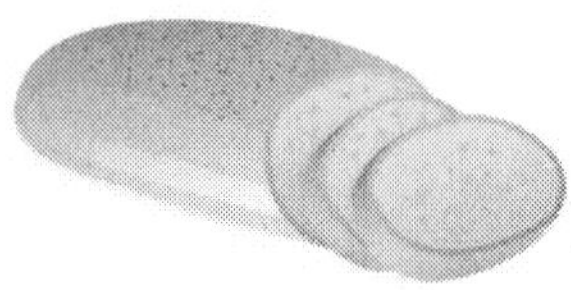

LC Bauernbrot

Zubereitungsdauer	3,5 Stunden
Portionen	1 Brot
Kalorien pro Portion	951,5 kcal
Fett	47,3g
Kohlenhydrate	34,9g
Eiweiß	89,9g

Zutaten:

- 250g Quark
- 100g Frischkäse
- 150g Naturjoghurt

- 4 Eier
- 30ml Weinessig
- 100ml heißes Wasser
- 5g Salz
- 120g Bambusfasern
- 30g Flohsamenschalen, gemahlen
- 1 Päckchen Backpulver
- 5g Trockenhefe + 45ml warmes Wasser
- 15g Brotgewürz
- Bambusfasern zum Bestreuen

Zubereitung:
Aus den Zutaten einen Teig herstellen. Ein paar Bambusfasern auf ein Backpapier geben und die Teigkugel darin wälzen. Den Teig anschließend kreuzweise einschneiden und 2 Stunden ruhen lassen. Das Brot nach dem Ruhen bei 180°C Umluft für 70-80 Min. backen lassen.

LC Brötchen

Zubereitungsdauer	70 Minuten
Portionen	8 Brötchen
Kalorien pro Portion	199,2 kcal
Fett	16,1g
Kohlenhydrate	3,3g
Eiweiß	8,7g

Zutaten:

- 1 Päckchen stärkefreies Backpulver
- 40g Kürbiskerne
- 40g Sonnenblumenkerne
- 40g gem. Mandeln
- 25g Flohsamenschalenmehl
- 30g Kokosöl (entölt)
- 50g Leinsamenmehl, gold (teilentölt)

- 200g griechischer Joghurt (10%)
- 3 Eier
- Sesam zum Bestreuen

Zubereitung:
Trockene Zutaten in einer Schüssel und feuchte Zutaten in einer zweiten Schüssel vermengen. Beides zusammenfügen, zu einem Teig kneten und 15 Min. rasten lassen. Erneut durchkneten, zu 8 Brötchen formen und im vorgeheizten Ofen bei 175 Grad Umluft 40 Min. backen.

Dunkles Brot

Zubereitungsdauer	125 Minuten
Portionen	1 Brot
Kalorien pro Portion	1504 kcal
Fett	85,4g
Kohlenhydrate	47,2g
Eiweiß	126g

Zutaten:

- 400g Quark
- 2 Eier
- 50g Weizenkleie
- 130g Körner (Sonnenblume und Kürbis)
- 2 Esslöffel Natron
- 1 Teelöffel Salz
- 30g Leinsamen, geschrotet
- 25g Flohsamen
- 15g Hanfmehl
- 15g Sojamehl

Zubereitung:
Alle Lebensmittel zu einem Teig verarbeiten, 20 Min. quellen lassen. Das Brot bei 160°C für 90 Minuten bei Ober- und Unterhitze backen.

Kartoffelfaser-Brot

Zubereitungsdauer	90 Minuten
Portionen	1 Brot
Kalorien pro Portion	851,6 kcal
Fett	25,7g
Kohlenhydrate	33,9g
Eiweiß	92,8g

Zutaten:

- 350g Quark
- 150g griechischer Joghurt
- 4 Eier
- 100ml Wasser
- 120g Kartoffelfasern
- 30g Flohsamenschalen
- 1 Pck. Trockenhefe
- 1 Pck. Backpulver
- 5g Salz
- 30ml Apfelessig

Zubereitung:

Alle Zutaten vermischen und gut verrühren, 10 Min. rasten lassen. Das Brot bei 175°C für 60-70 Min. Umluft backen.

Brötchen-Bagel

Zubereitungsdauer	60 Minuten
Portionen	4 Bagel
Kalorien pro Portion	194,2 kcal
Fett	15,6g
Kohlenhydrate	1,3g
Eiweiß	10,6g

Zutaten:

- 50g Mandeln, gemahlen
- 20g Leimsamen, geschrotet
- 20g Chiasamen
- 30g Flohsamenschalenmehl
- 1 TL Backpulver
- 4 Eier
- Salz

Zubereitung:

Alle Zutaten gut miteinander vermischen und für 15 Minuten quellen lassen. Mit nassen Händen die Bagel formen (à 75g), auf ein ausgelegtes Blech mit Backpapier geben, 25 Min. bei 180 Grad backen, auskühlen lassen.

Brot mit Schafskäse und Oliven

Zubereitungsdauer	70 Minuten
Portionen	1 Brot
Kalorien pro Portion	1782 kcal
Fett	128,3g
Kohlenhydrate	23,6g
Eiweiß	199,9g

Zutaten:

- 300g Magerquark
- 6 Eier
- 1 TL Salz
- 1 Päckchen Backpulver
- 100g gemahlene Mandeln
- 100g Leinsamen, geschrotet
- 4 EL Weizenkleie

Zubereitung:

Alle Zutaten gut miteinander vermischen und in die Kastenform geben. Das Brot bei 170°C für etwa 1 Std. backen.

Das gewisse Extra: Als kleines Extra können auch noch weitere Zutaten in den Teig gemischt werden. Z.B. 1. getrocknete Tomaten und Oliven, 2. Light Schinken und Röstzwiebeln oder 3. Feta und Oliven und 4. frische Lauchzwiebeln.

Eiweiß -Sandwich-Brot mit Bärlauch und Kräuter

Zubereitungsdauer	30 Minuten
Portionen	1 Brot
Kalorien pro Portion	1356,2 kcal
Fett	108,1g
Kohlenhydrate	14,9g
Eiweiß	70,7g

Zutaten

- 250g Quark Vollfettstufe
- 3 Eier Größe L
- 100g Mandeln, gemahlen
- ½ Päckchen Backpulver
- gehackter Bärlauch, Petersilie und Kresse, Pfeffer aus der Mühle
- 30g Chiasamen

Zubereitung:
Die oben genannten Zutaten zu einem geschmeidigen Teig verarbeiten, auf ein Blech streichen, bei Umluft 180 Grad 15-18 Min. backen. Brot noch heiß in Stücke schneiden.

Eierfladenbrot

Zubereitungsdauer	20 Minuten
Portionen	1
Kalorien pro Portion	365,7 kcal
Fett	26,6g
Kohlenhydrate	1,7g
Eiweiß	27,3g

Zutaten:

- 3 Eiweiß mit ¼ TL Backpulver, steif geschlagen
- 3 Eigelb mit 3 EL Frischkäse, verrührt

Zubereitung:
Eischnee behutsam unter die Frischkäse-Ei-Masse heben, mit Hilfe eines Löffels portionsweise auf ein Blech setzen. Für gute 15 Min. bei 150 Grad Umluft backen.

LC Weißbrot

Zubereitungsdauer	65 Minuten
Portionen	1 Brot
Kalorien pro Portion	1083,9 kcal
Fett	60,7g
Kohlenhydrate	11,6g
Eiweiß	115,1g

Zutaten:

- 150g Quark

- 3 Eier
- 100ml Wasser
- 40g Butter
- ½ TL Salz
- 1 Päckchen Backpulver
- 60g Mandelmehl
- 60g Eiweißpulver neutral
- 25g Flohsamenschalen
- 2 TL Sesamsaat weiß

Zubereitung:
Den Backofen vorheizen. Bis auf die Sesamsaat alle Zutaten gut vermischen, in eine Kastenform füllen, mit Sesam bestreuen. Für 50 Min. bei 175°C Umluft backen.

Kürbisbrot

Zubereitungsdauer	70 Minuten
Portionen	1 Brot
Kalorien pro Portion	2918,9 kcal
Fett	152,3g
Kohlenhydrate	174,7g
Eiweiß	191,8g

Zutaten:

- 200g Haferkleie
- 1/2kg Magerquark
- 45g Leinsamen
- 6 Eier
- 5g Salz
- 1 Päckchen Backpulver
- 15g Flohsamenschalen
- 150g Kürbisfleisch
- 200g Kürbiskerne

Zubereitung:

Backofen vorheizen, dann Kürbis waschen und fein reiben. Die Haferkleie, Magerquark, Leinsamen, Eier, Salz, Backpulver, Flohsamen, Kürbisfleisch und 150g Kürbiskerne vermischen und gut durchkneten. Den geriebenen Kürbis zum Teig hinzufügen, alles gut verkneten und in eine Kastenbackform geben. Die restlichen 50g der Kürbiskerne auf dem Teig verteilen. Das Brot nun für 50 Minuten bei 180°C Umluft backen lassen.

LC Laugenbrötchen

Zubereitungsdauer	60 Minuten
Portionen	5
Kalorien pro Portion	86,9 kcal
Fett	1,8g
Kohlenhydrate	2,5g
Eiweiß	14,6g

Zutaten:

- 100ml handwarmes Wasser
- 1 Päckchen Trockenhefe
- 100g Joghurt
- 10ml Apfelessig
- 1 Ei
- 65g Eiweißpulver neutral
- 25g Kokosmehl & Flohsamenschalen
- 10g Backpulver
- 5g Salz & Zucker
- 15g Natron
- 1/2L heißes Wasser
- etwas grobes Salz

Zubereitung:

Den Zucker im lauwarmen Wasser auflösen, Hefe unterrühren und 15 Min. stehen lassen. Alle Zutaten mit dem Hefewasser vermischen und zu einem festen Teig verkneten, 5 Min. quellen lassen. Aus dem Teig 5 Brötchen formen. In einer hohen Schüssel mit dem heißem Wasser das Natron auflösen und jedes Brötchen unter mehrmaligem Drehen 1 Min. darin schwimmen lassen. Anschließend auf ein Backblech legen, kreuzweise einschneiden, mit dem Salz bestreuen und für 30 Min. bei 175°C im Ofen backen.

LC Bauernbrot

Zubereitungsdauer	3,5 Stunden
Portionen	1 Brot
Kalorien pro Portion	951,5 kcal
Fett	47,3g
Kohlenhydrate	34,9g
Eiweiß	89,9g

Zutaten:

- 250g Quark
- 150g Naturjoghurt
- 100g Frischkäse
- 100ml kochendes Wasser
- 15ml Weinessig
- 4 Eier
- 5g Salz
- 120g Kartoffelfasern
- 30g Flohsamenschalen, gemahlen
- 1 Päckchen Backpulver
- 5g Trockenhefe + 45ml handwarmes Wasser
- 15g Brotgewürz
- zum Bestreuen Kartoffelfasern

Zubereitung:

Zutaten zu einem Laib verarbeiten, eine Kugel formen, in Kartoffelfasern wenden, kreuzweise einritzen 120 Min. ruhen lassen. Das Brot im vorgeheizten Backofen bei Umluft 180 Grad für ungefähr 70 Min. backen.

Schnelle Quarkbrötchen

Zubereitungsdauer	45 Minuten
Portionen	9
Kalorien pro Portion	92,7 kcal
Fett	5,1g
Kohlenhydrate	2,4g
Eiweiß	8,6g

Zutaten:

- 350g Magerquark
- 3 Eiklar, steif geschlagen
- 3 Eidotter
- 30g Xucker
- 60g Sesamsaat
- 5g Backpulver
- 1 Msp. Salz

Zubereitung:

Eigelb, Quark, Salz, Xucker und Backpulver zu einem Teig verrühren, Eischnee achtsam unterheben. Teig portioniert mit einem Löffel auf ein Blech geben, mit Sesam berieseln. Bei Umluft 180 Grad für 25 Min. backen.

Kerniges Eiweißbrot

Zubereitungsdauer	65 Minuten
Portionen	1 Brot
Kalorien pro Portion	3955,9 kcal
Fett	255,4g
Kohlenhydrate	185,8g
Eiweiß	199,9g

Zutaten:

- 250g Haferkleie
- 50g Haselnusskerne, gemahlen
- 150g Magerquark
- 350g Frischkäse
- 1 Päckchen Backpulver
- 1 EL Flohsamenschalen
- 50g Sonnenblumenkerne
- 6 Eier
- 1TL Salz
- 75g Haselnusskerne
- 100g gemischte Kerne

Zubereitung:

Bis auf 25g Haselnusskerne alle Zutaten vermengen, in eine Kastenform setzen, mit den übrigen Nusskernen bestreuen. Bei 180 Grad 50 Min. backen.

Hüttenkäse-Brötchen

Zubereitungsdauer	75 Minuten
Portionen	8
Kalorien pro Portion	125 kcal
Fett	7,8g
Kohlenhydrate	2,3g
Eiweiß	10,5g

Zutaten:

- 400g Hüttenkäse
- 4 Eier
- 50g Flohsamenschalen
- 1 TL Salz
- 1 Päckchen Backpulver
- 50g Sesam

Zubereitung:
Hüttenkäse, Eier und Salz verrühren. Die Flohsamenschalen, das Backpulver und den Sesam hinzufügen und unterrühren. Den fertigen Teig für 10 Minuten quellen lassen. Anschließend aus dem Teig 8 Brötchen formen und auf einem Backblech mit Backpapier verteilen. Brötchen für 50 Min. bei 150 Grad Ober-Unterhitze backen.

Sonntagsbrötchen

Zubereitungsdauer	75 Minuten
Portionen	8
Kalorien pro Portion	107,1 kcal
Fett	7,9g
Kohlenhydrate	0,9g
Eiweiß	7,3g

Zutaten:

- 200g Frischkäse
- 3 Eier
- 45g Flohsamenschalen
- ½ TL Backpulver
- ½ TL Salz

Zubereitung:

Die Lebensmittel gut vermengen und den Teig für 10 Min. gehen lassen. 8 Brötchen formen, im vorgeheizten Backofen bei 150 Grad Umluft für 50 Min. backen.

Eiweiß-Karotten-Brot

Zubereitungsdauer	70 Minuten
Portionen	1 Brot
Kalorien pro Portion	3305,4 kcal
Fett	168,6g
Kohlenhydrate	225,8g
Eiweiß	198g

Zutaten:

- ½ kg Magerquark
- 300g Haferkleie
- 200g Sonnenblumenkerne
- 45g Leinsamen
- 15g Flohsamenschalen
- 6 Eier
- 5g Salz
- 1 Pck. Backpulver
- 2 geschälte & fein geriebene Möhren

Zubereitung:
Zutaten bis auf 50g Sonnenblumenkerne zu einem Teig verkneten, in die Kastenform geben, mit übrigen Kernen berieseln. 50 Min. bei Umluft 180 Grad backen.

Kuchen

Apfelkuchen

Zubereitungsdauer	50 Minuten
Portionen	8
Kalorien pro Portion	205,2 kcal
Fett	13,5g
Kohlenhydrate	2,6g
Eiweiß	16,8g

Zutaten:

- 250g Quark
- 200g Frischkäse
- 3 Eier
- 80g gemahlene Mandeln
- 2 Esslöffel Xucker
- 1/2 Pck. Backpulver
- 30g Eiweißpulver Vanille

Zubereitung:
Zuerst alle Zutaten ordentlich vermischen und in eine 26er-Springform mit Backpapier füllen. Dünne Apfelscheiben auf dem Boden verteilen und wenige Mandelstifte darüber streuen. Bei 180 Grad für 30 Min. bei Umluft backen.

Quark-Apfel-Torte

Zubereitungsdauer	30 Minuten
Portionen	8
Kalorien pro Portion	142,7 kcal
Fett	6,3g
Kohlenhydrate	7,8g
Eiweiß	12,6g

Zutaten:

- 500g Quark
- 3 Eier
- 100g Xucker
- 30g Kokosmehl
- ½ Teelöffel Zitronenschale
- 2 Äpfel, geviertelt
- 50g Walnüsse, halbiert

Zubereitung:
Quark im Küchentuch ausdrücken. Eigelb und Xucker schaumig schlagen. Quark, Kokosmehl und Zitrone unterrühren. Äpfel und Nüsse dazugeben, steif geschlagene Masse unterheben.

Panna-Cotta-Torte

Zubereitungsdauer	4 Stunden
Portionen	8
Kalorien pro Portion	224,7 kcal
Fett	17,8g
Kohlenhydrate	4,9g
Eiweiß	10,2g

Zutaten Teig:

- 4 Eier
- 50g Kokosmehl
- 100g Xucker
- 35g Mandelmehl
- 75g Butter
- ½ Päckchen Backpulver

Die Zutaten für den Teig vermischen und gut verrühren. Anschließend für 20 Min. im Backofen bei 175°C backen lassen.

Zutaten Panna Cotta:

- 250ml Rama Cremefine
- 250ml Joghurt 1,5%
- 50g Xucker
- 5 Blatt Gelatine

Zubereitung:

Die Sahne und den Xucker im Topf aufkochen lassen, aufgelöste Gelatine zugeben und gut verrühren. Die leicht abgekühlte Masse unter den Joghurt mischen, die Panna Cotta auf dem Boden verstreichen und für 2-3 Std. abkühlen lassen. Für die Glasur 500g Erdbeeren pürieren und mit 2 Blatt Gelatine vermischen und auf der Panna Cotta verteilen.

Apfeltorte

Zubereitungsdauer	90 Minuten
Portionen	8
Kalorien pro Portion	428,9 kcal
Fett	32,2g
Kohlenhydrate	25g
Eiweiß	6,6g

Zutaten Teig:

- 150g Butter, weich
- 125g Haselnüsse, gemahlen
- 110g Xucker
- 3 Eier
- 10g Backpulver & Zimt

Aus den Lebensmitteln einen Rührteig herstellen und in eine Springform gießen. Bei 160°C Umluft ungefähr 30 Min. backen lassen.

Zutaten Füllung:

- 800g grob geriebene Äpfel
- 80 g Xucker
- Saft einer Zitrone
- 2 verquirlte Eier
- 1 Packung Puddingpulver Vanille
- 150ml Rama Cremefine

Zubereitung:

Außer Cremefine alle Lebensmittel unter dauerhaften Rühren zum Kochen bringen. Danach zuerst abkühlen lassen, bevor man die Apfelmasse auf dem Kuchenboden verteilt. Die Rama Cremefine steif schlagen und über der Apfelmasse verteilen. Etwas Backkakao über die Torte sieben und über Nacht kaltstellen.

Himbeer-Quarkkuchen

Zubereitungsdauer	30 Stunden
Portionen	8
Kalorien pro Portion	303,5 kcal
Fett	28,2g
Kohlenhydrate	4,1g
Eiweiß	7,2g

Zutaten:

- 500g Mandelmehl-Teig, entfettet
- 10g Xucker
- 300g Magerquark
- 100g fettarmer Joghurt
- 3 Blatt Gelatine
- 200g frische Himbeeren
- 200g Tortenguss, zuckerfrei

Zubereitung:

Ein entfetteter Mandelmehl-Teig bildet die Grundlage für den Kuchen. Für die Füllung Xucker statt Zucker verwenden. Quark und Joghurt verrühren, auf dem Teig verteilen, Gelatine mit den Himbeeren vermischen und mit einem zuckerfreien Tortenguss übergießen.

Erdbeerkuchen

Zubereitungsdauer	60 Minuten
Portionen	8
Kalorien pro Portion	123,7 kcal
Fett	10,1g
Kohlenhydrate	4g
Eiweiß	3,4g

Zutaten:

- 3 Eier
- 50g Xylit
- 75g geschmolzene Butter
- 2 EL Kokosmehl
- ½ Pck. Backpulver
- Vanillemark
- 300g frische Erdbeeren
- 1 Pck.Tortenguss, zuckerfrei
- Süßstoff

Zubereitung:

Eier und Xylit zu einer schaumigen Masse aufschlagen. Butter, Backpulver, Mehl zufügen und alles gut mixen. Den Teig bei 150 Grad für gute 35 Min. backen. Erdbeeren auf den kalten Boden legen. Tortenguss mit Süßstoff anrühren und auf den Erdbeeren verteilen.

Quark-Mandel-Kuchen mit Apfelstückchen

Zubereitungsdauer	60 Minuten
Portionen	8
Kalorien pro Portion	263 kcal
Fett	20,8g
Kohlenhydrate	5g
Eiweiß	12g

Zutaten:

- 3 Eier Größe L
- 250g Quark
- 100g Schmand
- 200g gemahlene Mandeln
- 50g Butter
- ½ Päckchen Backpulver
- Stevia nach Geschmack

- 1 großer Apfel gewürfelt
- 1 Zitrone

Zubereitung:
Apfelwürfel in Zitronensaft etwas garen lassen und die Butter dazugeben. Aus den anderen Zutaten einen glatten Teig anrühren und die Apfelstückchen mit Saft unterheben. Den Kuchen bei 180°C Umluft für 30 Min. backen.

Haselnusskuchen

Zubereitungsdauer	50 Minuten
Portionen	8
Kalorien pro Portion	307,9 kcal
Fett	24,2g
Kohlenhydrate	6,45g
Eiweiß	13,7g

Zutaten:

- 80g Mandelmehl
- 60g Kokosmehl
- ½ Pck. Backpulver
- Mark ½ Vanilleschote
- 150ml Sahne
- 100ml Buttermilch
- 70g Xucker
- 2 Eier
- 6 Eiweiß & 70g Xucker steifgeschlagen
- 200g Haselnüsse gemahlen
- 20g Puderxucker

Zubereitung:
Eier mit 70g Xucker schaumig schlagen, Backpulver, Mandel- & Kokosmehl, Buttermilch, Sahne und Vanille untermischen, in eine Springform füllen, Eiweiß und Haselnüsse unterheben. Die gesamte

Masse auf der ersten Teigschicht verstreichen. Für 30-35 Min. bei 170 Grad backen.

Schokokuchen

Zubereitungsdauer	10 Minuten
Portionen	1
Kalorien pro Portion	307,3 kcal
Fett	25,3g
Kohlenhydrate	3,8g
Eiweiß	13,8g

Zutaten:

- 1 Ei (Größe L)
- 1 EL geschmolzene Butter
- 2 EL Milch
- 2 EL Erythrit oder Xylit
- 1 EL Backkakao
- 2 EL gemahlene Mandeln
- 1 Prise Salz

Zubereitung:

Alle Zutaten der Reihe nach gut verrühren und in eine große breite Tasse geben. Den Tassenkuchen in der Mikrowelle auf höchster Stufe für 2 Minuten garen. Den fertigen Kuchen auf den Teller legen und nach Geschmack verfeinern.

Apfel-Vanille-Kuchen

Zubereitungsdauer	15 Minuten
Portionen	1
Kalorien pro Portion	355,5 kcal
Fett	19g
Kohlenhydrate	7g
Eiweiß	36,6g

Zutaten:

- 100g Joghurt
- 1 Ei
- 1 EL Xucker
- 1 Spritzer Stevia
- 25g Eiweißpulver Vanille
- 10g gemahlene Mandeln

Zubereitung:
Zutaten in einer mikrowellenfesten Schüssel vermengen, auf höchster Stufe in der Mikrowelle garen für 7 Min. Den Tassenkuchen auf einen Teller legen und dann mit Vanillesoße, einem geschälten Apfelstück und Zimtpulver garnieren.

Zitronen-Mandel-Kuchen

Zubereitungsdauer	10 Minuten
Portionen	1
Kalorien pro Portion	182,1 kcal
Fett	10,8g
Kohlenhydrate	1,8g
Eiweiß	18g

Zutaten:

- 1 Ei
- 1 EL Milch
- 1 EL Xucker
- 1 EL Eiweißpulver Vanille
- 1 EL gemahlene Mandeln
- ein paar Tropfen Zitronenaroma
- ¼ TL Backpulver

Zubereitung:
Alle Zutaten mit dem Schneebesen gut verrühren und in eine Tasse füllen. Den Tassenkuchen für 4 Minuten auf höchster Stufe in der Mikrowelle garen. Anschließend die Tasse direkt auf einen Teller stürzen und den Kuchen mit einer Scheibe Zitrone garnieren.

Apfel-Nuss-Rahm-Kuchen

Zubereitungsdauer	65 Minuten
Portionen	8
Kalorien pro Portion	217,1 kcal
Fett	18,6g
Kohlenhydrate	5,5g
Eiweiß	5,3g

Zutaten:

- 4 EL Xylit
- 3 Eier
- ½ Pck. Backpulver
- 60g Mandeln, gemahlen
- 45g Schmand
- 2 saure Äpfel, gewürfelt
- 1 Msp. Zimt
- Saft einer Limette
- 80g grob gehackte Nüsse nach Wahl, z.B. Haselnüsse

- 50g zerlassene Butter

Zubereitung:
Die Äpfel mit Zimt und Limettensaft vermischen. Eier, Butter und Schmand als erstes vermengen und anschließend alle weiteren Zutaten unterrühren, in eine Springform gießen und bei 170°C für 45 Min. backen.

Saftiger Kürbiskuchen

Zubereitungsdauer	75 Minuten
Portionen	8
Kalorien pro Portion	206,5 kcal
Fett	10,8g
Kohlenhydrate	9,5g
Eiweiß	16,4g

Zutaten:

- ½ kg Magerquark
- 3 Eier
- 300g Butternut-Kürbis, klein geschnitten
- 150g Frischkäse
- 100g Joghurt
- 50g Kokosraspeln
- 1 Pck. Backpulver
- 80g Xucker
- Zimt

Zubereitung:
Kürbis für ca. 8 Min. garen, das Wasser abgießen und Kürbis pürieren. Quark, Frischkäse, Kokosraspeln, Xucker, Eier mit dem Püree zu einem glatten Teig vermengen. Teig in eine Springform füllen, für 1 Std. bei 175°C Ober-Unterhitze backen. Vor dem Servieren mit Zimt bestreuen.

Karamellisierter Käse-Apfelkuchen

Zubereitungsdauer	60 Minuten
Portionen	8
Kalorien pro Portion	270,6 kcal
Fett	16g
Kohlenhydrate	7,9
Eiweiß	22g

Zutaten:

- 2 Äpfel, in Scheiben geschnitten
- 500g Magerquark
- 100g Frischkäse
- 150g Mandeln, gemahlen
- 4 Eier
- 5 EL Xucker, light
- ½ EL Butter-Vanille-Aroma
- 1 Päckchen Backpulver
- 40g Eiweißpulver Vanille
- Zimt

Zubereitung:

Quark, Frischkäse, Mandeln, Eier, 3 EL Xucker, Vanille Aroma, Back- & Eiweißpulver vermischen und gut verrühren. Den glatten Teig in die Backform gießen, Apfelscheiben darauf verteilen, im warmen Ofen bei 180°C Umluft für 25 Min. backen. Restliche 2 EL Xucker über dem Kuchen verteilen. Etwas Zimt darüber streuen und für weitere 10 Min. backen.

LC Zimtkuchen

Zubereitungsdauer	35 Minuten
Portionen	8
Kalorien pro Portion	107,2 kcal
Fett	5,8g
Kohlenhydrate	4,9g
Eiweiß	8,2g

Zutaten:

- 4 Eier
- 50g Xylit
- 40g geriebene Mandeln
- 3 EL Eiweißpulver Vanille
- 1 Pck. Backpulver
- 5g Vanille-Pulver
- 60ml Mandelmilch
- 15g Zimt
- 2 Spritzer Mandelaroma
- 120ml Joghurt
- 150g TK-Beerenmix,
- ½ TL Guarkernmehl

Zubereitung:
Die Eier, Eiweißpulver, Mandeln, Backpulver, Xylit, Mandelmilch und Zimt gut vermengen, in eine Springform füllen, glattstreichen und für 10 Min. bei 250 Grad Umluft backen. In der Zwischenzeit Beerenmix auftauen, mit Guarkernmehl und Joghurt ordentlich verrühren. Den ausgekühlten Teig mit der Joghurt-Creme bestreichen.

Himbeer-Quark-Torte

Zubereitungsdauer	35 Minuten
Portionen	8
Kalorien pro Portion	241,2 kcal
Fett	16,9g
Kohlenhydrate	5,8g
Eiweiß	14,8g

Zutaten Boden:

- 100g Mandeln, gemahlen
- 15g Frischkäse
- 3 Eier
- 15g Xylit
- 1 Pck. Backpulver
- etwas Salz

Zutaten Belag:

- ½ kg Quark
- 1 Becher Sahne, geschlagen
- 300g aufgetaute Himbeeren
- Zimt-Xylit

Zubereitung:

Für den Boden die Zutaten vermengen, Teig in eine Backform füllen, bei 180 Grad Umluft 20 Min. backen, Boden abkühlen lassen. Quark und Xylit unter die Sahne mischen, die Hälfte der Masse auf den Boden verstreichen, dann Himbeeren auf die Masse verteilen, übrige Creme darauf streichen. Mit Zimt-Xylit bestreuen.

Süße Snacks

Walnuss-Schokoberge

Zubereitungsdauer	15 Minuten
Portionen	10
Kalorien pro Portion	141,8 kcal
Fett	11,5g
Kohlenhydrate	2,5g
Eiweiß	6g

Zutaten:

- 1 Tafel Zartbitter-Schokolade zum Schmelzen mit hohem Kakaoanteil
- 130g Walnüsse in kleinen Stücken

Zubereitung:

Nüsse in der Pfanne rösten, Schokolade zerlassen, die Walnüsse darin eintunken und kleine Berge auf einem Backpapier formen.

Nuss-Kekse

Zubereitungsdauer	35 Minuten
Portionen	10
Kalorien pro Portion	128,1 kcal
Fett	11,2g
Kohlenhydrate	2g
Eiweiß	4g

Zutaten:

- 1 Ei
- 50g Puderxucker
- 60g Sonnenblumenkerne
- 70g gehackte Haselnüsse
- 10g Chiasamen
- 15g Kürbiskerne
- 30g geschrotete Leinsamen
- 15g geschmolzenes Kokosöl

Zubereitung:

Das Ei mit dem Puderxucker verrühren. Anschließend die Sonnenblumen- & Kürbiskerne, Nüsse, Chiasamen, Leinsamen mit dem Kokosöl vermischen und zu der Eier-Zucker-Masse hinzugeben. Das Ganze 15 Min. quellen lassen und den Backofen auf 170 Grad erwärmen. Aus der Masse kleine Häufchen formen und auf dem Backpapier anordnen. Die Kekse 15 Min. lang bei Umluft backen lassen. Dann die Kekse wenden und weitere 8 Min. backen lassen. Nach dem Abkühlen können die Kekse mit flüssiger Schokolade betröpfelt werden.

LC Butterbrötchen

Zubereitungsdauer	30 Minuten
Portionen	9
Kalorien pro Portion	215,7 kcal
Fett	11,8g
Kohlenhydrate	1,4g
Eiweiß	24,4g

Zutaten:

- 200g Magerquark
- 100g Butter
- 4 Eier
- 20g Eiweißpulver
- 3-4 TL Backpulver
- Salz

Zubereitung:

Alle Zutaten vermischen, zu einem gleichmäßigen Teig verrühren, kleine Kugeln rollen und auf einem Blech plattdrücken. Für 15 Min. bei 180°C Ober-/Unterhitze backen.

Brownies

Zubereitungsdauer	60 Minuten
Portionen	12
Kalorien pro Portion	184 kcal
Fett	14,4g
Kohlenhydrate	3,2g
Eiweiß	8,9g

Zutaten:

- 250g Rama Cremefine

- 150g Xucker
- 4 Eier
- 50ml Rapsöl
- 100g Mandelmehl
- 40g Kokosmehl
- 50g gehackte Mandeln
- 100g Backkakao
- 1 Päckchen Backpulver
- 1 EL Chiasamen

Zubereitung:
Rama zusammen mit Xucker, Eier und Öl schaumig schlagen. Die trockenen Lebensmittel vermengen und unterheben. Backpapier auf das Backblech oder in eine Form legen und die Masse einfüllen. Die Brownies bei 175°C für 35-40 Min. backen.

Cookies

Zubereitungsdauer	30 Minuten
Portionen	8
Kalorien pro Portion	76,5 kcal
Fett	3,8g
Kohlenhydrate	2,6g
Eiweiß	7,4g

Zutaten:

- 50g Kokosmehl
- 4 Eier
- 100g Wasser
- etwas Xucker
- ½ Pck. Backpulver
- Jeweils 25g Vanille-Proteinpulver & Kakaopulver

Zubereitung:

Die Zutaten zu einem glatten Teig verarbeiten und teilen. Für die Vanillecookies 25g Vanille-Proteinpulver untermischen und für die Schokocookies 25g Kakao unterrühren. Alles gut verrühren und in kleinen Portionen auf einem Backblech anordnen. Anschließend die Cookies für 7-8 Minuten backen lassen. Aufmerksam kontrollieren. Darauf achten, dass sie nicht zu hart und kross werden.

LC Himbeer-Tiramisu

Zubereitungsdauer	65 Minuten
Portionen	6
Kalorien pro Portion	155,7 kcal
Fett	13,1g
Kohlenhydrate	3,5g
Eiweiß	4,9g

Zutaten:

- 3 Eier
- 75g Butter, geschmolzen
- 50g Xylit
- 5g Backpulver
- 40g Kokosmehl
- Mark einer Vanilleschote
- 200g gefrorene Himbeeren, püriert
- 2 EL Quark
- 2 EL Mascarpone

Zubereitung:

Die Eier mit dem Xylit und der Vanille schaumig schlagen, die geschmolzene Butter, Backpulver und das Kokosmehl hinzugeben und alles gut verrühren. Teig auf einem Backblech verteilen, bei 150 Grad für 40 Min. backen, erkalten lassen und kleine Böden ausstechen. Die Hälfte vom Püree mit Mascarpone und Quark glatt rühren. Zuerst den ersten Boden sanft andrücken, dann die Himbeeren darauf geben und anschließend die Quarkmasse darüber. Dann kommt wieder ein Boden, und dann wieder Quark. Wer möchte kann ein paar Himbeeren ganz lassen, um sie am Schluss ganz oben auf das Dessert zu legen.

Schoko-Cookies

Zubereitungsdauer	30 Minuten
Portionen	12
Kalorien pro Portion	133,1 kcal
Fett	9,3g
Kohlenhydrate	4,4g
Eiweiß	7,1g

Zutaten:

- 160g Mandelmehl
- 2 Eigelb
- 2 Eiweiß mit 1 Msp. Salz steifgeschlagen
- 30ml Milch
- 60g Butter
- 50g Xylit
- 100g Zartbitterschokolade, klein gehackt
- Mark ½ Vanilleschote
- ½ TL Backpulver

Zubereitung:

Eigelb mit Mandelmehl, Xylit, Milch, Vanille und Backpulver gut verrühren. Schokolade und Eischaum unter die Masse heben, 12 Cookies formen. Das Backblech für 15 Min. bei 180 Grad in den Ofen geben.

Törtchen mit Schoko

Zubereitungsdauer	10 Minuten
Portionen	1
Kalorien pro Portion	282,4 kcal
Fett	18,1g
Kohlenhydrate	4,8g
Eiweiß	23,1g

Zutaten:

- 1 Ei (Größe L)
- 15g Joghurt
- 15g Eiweißpulver Vanille
- 15g Nüsse, gemahlen
- 15g Xucker
- Etwas Stevia
- ½ TL Backpulver

Zubereitung:

Zutaten verrühren und in einen großen Becher füllen. Den Tassenkuchen in der Mikrowelle auf höchster Stufe für 3-4 Min. garen, auf den Teller stürzen und mit geschmolzener Zartbitterschokolade servieren.

Nusstörtchen

Zubereitungsdauer	10 Minuten
Portionen	1
Kalorien pro Portion	219,8 kcal
Fett	13,8g
Kohlenhydrate	3,6g
Eiweiß	18,7g

Zutaten:

- 1 Ei (Größe L)
- 1 EL Milch
- 1 EL Xucker
- 1 EL gemahlene Nüsse
- 1 EL Eiweißpulver Schoko
- Etwas Stevia
- ½ TL Backpulver

Zubereitung:

Alle Zutaten gut verrühren und in eine große breite Tasse geben. Den Tassenkuchen in der Mikrowelle auf höchster Stufe für 4 Minuten garen. Den fertigen Kuchen auf einen Teller stürzen und mit Sahne, Rahm und/oder Zimt verfeinern.

Walnuss-Wölkchen

Zubereitungsdauer	45 Minuten
Portionen	16
Kalorien pro Portion	45,8 kcal
Fett	3,9g
Kohlenhydrate	0,9g
Eiweiß	1,4g

Zutaten:

- 100 g gehackte Walnüsse, 15g Flohsamenschalen & ½ TL Zimt vermischt
- 2 Eiweiß mit wenig Salz & 60g Xylit steifschlagen

Zubereitung:

Eiweiß-Masse mit der Nussmischung behutsam vermengen. Auf einem Backblech ca. 16 kleine Häufchen formen, für ungefähr 35 Min. bei 140 Grad backen.

Cheesecake im Glas

Zubereitungsdauer	20 Minuten
Portionen	4
Kalorien pro Portion	273,9 kcal
Fett	16g
Kohlenhydrate	3,8g
Eiweiß	26,6g

Zutaten:

- 220g Magerquark
- 200g Frischkäse
- 25g Proteinpulver Vanille
- 18g Xylit
- 15g Chiasamen
- 2 Eier
- wenig Salz

Zubereitung:

Alle Zutaten verrühren, hitzebeständige Gläser halb füllen. Im vorgeheizten Ofen bei 160 Grad für 12-15 Min. backen.

Bratapfel-Tiramisu

Zubereitungsdauer	60 Minuten
Portionen	6
Kalorien pro Portion	707,3 kcal
Fett	55,8g
Kohlenhydrate	25,4g
Eiweiß	20,5g

Zutaten Schoko-Biskuit:

- 80g Xylit

- 60ml warmes Wasser
- 5 Eiklar mit 40g Xylit steifgeschlagen
- 5 Eigelb
- 40g Mandelmehl
- 20g Kakaopulver
- 15g Backpulver
- 2cl Rum

Zutaten Creme:

- 250g Frischkäse
- 250g Mascarpone
- 400ml Sahne steifgeschlagen
- Süße nach Wahl

Zutaten Apfel-Kompott:

- 800g gewürfelte Äpfel
- 5g Zimt
- 2cl Rum

Zubereitung:

Eigelb, Wasser, Rum und Xylit schaumig schlagen, die Masse unter den Eischnee heben. Kakao sowie Backpulver und Mehl vermischen, behutsam unterheben. Teig in eine Backform gießen und im Ofen bei Umluft 160 Grad für 40 Min. backen, erkalten lassen und zerbröseln. Die Apfelwürfel kurz anbraten, Zimt und Rum zugeben, bei geringer Hitze köcheln lassen. Die Hälfte der Kuchenkrümel in Gläser verteilen, etwas Apfel-Kompott darauf geben. Geschlagene Sahne mit Frischkäse und Mascarpone verrühren, wenig süßen und die Hälfte der Creme in die Gläser füllen und etwas glattstreichen. Die übrigen Krümel auf die Gläser verteilen, Creme verteilen, mit den restlichen Apfelstücken garnieren. Das Bratapfel-Tiramisu kaltstellen und durchziehen lassen.

Zimtrolle

Zubereitungsdauer	40 Minuten
Portionen	6
Kalorien pro Portion	200,5 kcal
Fett	11,9g
Kohlenhydrate	4,1g
Eiweiß	17,8g

Zutaten:

- 175g Mandelmehl
- 60g Frischkäse
- 2 Mozzarella
- 1 Msp. Zimt
- 2 Eier
- 1 Pck. Backpulver
- 60ml kochendes Wasser
- 60g Xucker & Zimt

Zubereitung:

Frischkäse und Mozzarella zum Schmelzen bringen und mit den Eiern mischen, Mandelmehl, Backpulver, etwas Xucker und Zimt zufügen, verkneten und auf Backpapier geben. Zimt und Xucker zu dem Wasser geben, den Teig damit bestreichen, aufrollen und in Scheiben schneiden. Auf ein Blech legen, bei 160 Grad Umluft für 20 Min. backen. Kekse noch warm mit Topping genießen.

Quark-Muffin

Zubereitungsdauer	30 Minuten
Portionen	12
Kalorien pro Portion	45,6 kcal
Fett	1g
Kohlenhydrate	0,6g
Eiweiß	8,2g

Zutaten:

- 140g Quark
- 2 Eier
- 80g Eiweißpulver Vanille
- ½ Päckchen Backpulver
- 2 TL Flohsamenschalen

Zubereitung:

Die Lebensmittel gut verrühren. Den Teig in Muffinformen verteilen und bei 180°C im vorgeheizten Backofen für 15 Min. backen lassen. Nach dem Backen mit Puderxucker bestreuen.

Haferkleie-Kirsch-Muffins

Zubereitungsdauer	45 Minuten
Portionen	6
Kalorien pro Portion	218,8 kcal
Fett	5,4g
Kohlenhydrate	34,3g
Eiweiß	6,8g

Zutaten:

- 180g Haferkleie
- 200ml Mandelmilch

- 3 Eiklar, steif geschlagen
- 3 Eidotter
- 3 EL Xucker
- 1 Päckchen Backpulver
- 150g Kirschen
- Puderxucker zum Bestreuen

Zubereitung:
Eidotter mit der Haferkleie, Milch, Backpulver und Xucker gut verrühren, Eiweiß behutsam unter den Teig ziehen und in Muffinförmchen füllen. Kirschen leicht hinein drücken, für 35 Min. bei 150 Grad backen.

Windbeutel

Zubereitungsdauer	35 Minuten
Portionen	16
Kalorien pro Portion	92,2 kcal
Fett	5,7g
Kohlenhydrate	0,7g
Eiweiß	8,8g

Zutaten:

- 140g Joghurt
- 2 Eier
- 80g Eiweißpulver, neutral
- 5g Natron
- 30g Xylit mit 100ml Sahne steif geschlagen

Zubereitung:
Alle Lebensmittel, bis auf die Sahne, gut verrühren. Die Muffinformen einfetten und je ein Esslöffel Teig in eine Mulde füllen, für 20 Min. bei 180 Grad Umluft backen und abkühlen lassen. Geschlagene Sahne in die Windbeutel füllen.

Schwarzwälder Kirsch-Dessert

Zubereitungsdauer	45 Minuten
Portionen	6
Kalorien pro Portion	346,3 kcal
Fett	27,3g
Kohlenhydrate	10,4g
Eiweiß	12,2g

Zutaten Boden:

- 4 Eier
- 100g gemahlene Mandeln
- 2 EL Backkakao
- 60g Xucker light
- 1 Päckchen Backpulver
- 20ml Wasser

Zutaten Füllung:

- 250g aufgetaute Kirschen
- 1 Becher Sahne & 1 Pck. Sahnesteif schlagen
- 100g Frischkäse
- 20g Xucker
- ½ Becher starker, kalter Kaffee

Zubereitung:

Backofen vorheizen. Für den Boden alle Zutaten mit dem Mixer aufschlagen, auf einem Blech glattstreichen, bei 180 Grad für 15 Min. backen, auskühlen lassen. Für die Creme den Xucker und Frischkäse unter die Sahne heben. Aus dem Boden Kreise ausstechen, einen Boden in die Gläser geben. Etwas kalten Kaffee auf den Boden träufeln und ein paar Kirschen darauf verteilen. Dann kommt eine Schicht Creme darauf. Nun kommt ein weiterer Boden, wieder Kaffee und dann Creme darüber. Die restlichen Kirschen kommen oben drauf. Aus dem übrigen Boden Herzen ausstechen und das Dessert garnieren.

GRATIS DOWNLOAD: Alle Low Carb Rezepte mit Fotos

Unter diesem Link können Sie alle 150 Rezepte mit Farbfotos gratis downloaden:

https://great-books4you.com/Low-Carb-Rezepte-Low-Carb-Kochbuch

Sollte der Download nicht funktionieren, so schreiben Sie bitte an:
greatebooks.4u@gmail.com
Wir von Great Books 4YOU werden dann dafür sorgen, dass Sie die Datei mit der Rezeptsammlung direkt per E-Mail als Anhang erhalten.

Schluss

Nun fasse ich es zum Schluss noch einmal für Sie zusammen: Richtig durchgeführt ist Low Carb ein richtiger Hit! Denn Sie werden nicht nur schnell abnehmen, sondern tun Ihrer Gesundheit auch noch etwas Gutes! Egal ob Sie Muskeln aufbauen, Fett reduzieren oder Ihren Körper definieren wollen, all dies gelingt hervorragend mit der Low Carb Diät – und zwar besser als mit jeder anderen Diät!

Wenn Sie meine Tipps befolgen, sich ausgewogen ernähren und sich vor allem trotz der reduzierten Kohlenhydrataufnahme satt essen, steht Ihrem Erfolg gar nichts mehr im Weg! Nach der anfänglichen Umstellungsphase wird Ihnen diese Ernährungsform äußerst leicht fallen.

Verwechseln Sie also Low Carb nicht mit „no carb“, sondern ersetzen Sie das Weißbrot durch eine kleine Scheibe Vollkornbrot. Viel Gemüse und Eiweiß sind gesund, da dürfen Sie ruhig ab und zu mal ein Auge zudrücken. Egal ob Sie nur eine kleine Problemzone bekämpfen oder viele Kilogramm abnehmen möchten; ich kann Ihnen nur raten, sich für die Low Carb Form zu probieren.

Von den speziellen Low Carb Tipps für Anfänger und Berufstätige profitieren Sie zudem! Denn wichtig ist wie bei jeder Diät, dass die Umsetzung klappt und Sie das richtige Mindset mitbringen. Für die Naschkatzen unter Ihnen habe ich die Tipps zum Low Carb Backen hier in diesem Ratgeber zusammengefasst und hoffe, dass Sie viel Spaß beim Backen haben werden. Mit diesen tollen, leckeren Rezepten brauchen Sie also kein schlechtes Gewissen haben, wenn Sie ab und zu mal naschen während Ihrer Low Carb Diät!

Sie haben nun alles, was Sie brauchen und der Umsetzung Ihrer Low Carb Ernährungsweise steht nichts mehr im Weg. Fangen Sie heute noch damit an und lassen auch Sie sich mitreißen von diesem Trend! Sie sind Ihrem Traumkörper viel näher als Sie vielleicht denken...

Danke

Ich hoffe, dass Ihnen mein Ratgeber & meine Rezepte gefallen haben und bedanke mich für Ihr Interesse.
Ganz viel Erfolg wünsche ich Ihnen für Ihre Ernährungsumstellung, beim Abnehmen mit Low Carb und viel Spaß beim Ausprobieren der Gerichte!

Ihre Herta

Ich freue mich über Ihr Feedback

Für mich ist es sehr wichtig, Feedback zu meinem Buch zu bekommen. Wenn Sie Anregungen oder Verbesserungsvorschläge haben, so schreiben Sie mir doch bitte eine Mail an:
greatebooks.4u@gmail.com
bevor Sie eine schlechte Bewertung abgeben. Ich freue mich sehr über konstruktive Kritik. Da es mich viel Zeit und Energie gekostet hat, dieses Buch zu erstellen, wäre ich Ihnen sehr dankbar, wenn Sie mir anstelle einer schlechten Bewertung Ihre Verbesserungsvorschläge persönlich zukommen lassen. Denn dann hätte ich eine Chance, Ihre Kritik anzunehmen und mein Buch zu verbessern.
Über eine kurze Rückmeldung in Form einer Rezension auf Amazon würde ich mich ebenfalls sehr freuen. Diese können Sie wie folgt erstellen: Besuchen Sie auf Amazon.de die Produktseite des Artikels, für den Sie eine Rezension erstellen möchten. Klicken Sie unter Kundenrezensionen auf „Kundenrezension verfassen". Bewerten Sie den Artikel und verfassen Ihre Rezension.

Alternativ können Sie diesen Link benutzen, der Sie direkt auf die Seite leitet, auf der bestellte Produkte zu bewerten sind. Der Link ist verschlüsselt und sicher:
https://great-books4you.com/Bewertung

Über die Autorin

Die sympathische Autorin Herta Schneider-Kristjánsdóttir ist ausgebildete Ernährungsberaterin, die nebenbei ihrer zweiten Leidenschaft, dem Schreiben, nachgeht. Sie verfasst regelmäßig Bücher für „Great Books 4YOU".
„Es ist egal, ob du ein paar Pfunde zu viel oder zu wenig hast, wenn du dich wohl fühlst und im Einklang mit dir bist. Nicht jeder Körper ist gleich", so die herzliche Autorin. Sie rät allen Menschen, ihr „persönliches Wohlfühlgewicht" herauszufinden, ohne dabei übertriebene Maßstäbe zu setzen oder unerreichbaren Idealen nachzujagen, die die Werbeindustrie einem vorgibt.
Herta selbst fühlt sich absolut wohl in ihrem Körper und hat ihre „innere Mitte" gefunden. Früher hatte auch sie mit Gewichtsschwankungen zu kämpfen, die sie dann mithilfe ihrer Ausbildung als Ernährungsberaterin in den Griff bekam.
Was bei ihr ganz groß geschrieben wird, ist NATÜRLICHKEIT. Sie ist eine bodenständige Person und liebt es, gemeinsam mit ihrer Familie Zeit im

Freien zu verbringen. Außerdem ist sie eine begabte und begeisterte Köchin.
Mit ihren Büchern möchte sie allen Leserinnen und Lesern dazu verhelfen, das innere Gleichgewicht zu finden und langfristig abzunehmen ohne Sport oder Crash-Diäten.
Lassen auch Sie sich inspirieren von Hertas natürlichem Charme! Die Autorin wünscht Ihnen viel Freude beim Eintauchen in ihre Bücher.

Weitere Bücher der Autorin

Hier finden Sie weitere Bücher der engagierten Autorin. Wenn Sie sich gesünder ernähren, abnehmen oder neue Kochtrends für sich entdecken wollen, dann lesen Sie unbedingt die anderen Exemplare der sympathischen Autorin. Ihre Ratgeber werden Sie darin unterstützen, sich wohler in Ihrem Körper zu fühlen und endlich Ihr persönliches Wohlfühlgewicht zu erreichen und halten.

https://great-books4you.com/herta-schneider-in-amazon

Über den Verlag Great Books 4YOU

Great books 4YOU

Wir möchten uns im Namen des gesamten Great Books 4YOU-Teams persönlich bei Ihnen bedanken für Ihr Interesse an einem unserer Bücher.

Unsere Autoren, engagierte und fachkundige Schriftsteller, verfolgen das Ziel, Ihnen interessante und nützliche Ratgeber zur Verfügung zu stellen. Die Autoren sind alle auf ein bestimmtes Gebiet spezialisiert, um ihr Fachwissen weiterzugeben, damit auch andere Menschen von ihrem Know-how profitieren! Bei unseren Büchern achten wir stets auf eine hohe Qualität sowie einen angenehmen Lesefluss.

Unser Ziel ist erreicht, wenn Ihnen unsere Bücher persönlich wie auch beruflich weiterhelfen und Sie Spaß beim Lesen haben!

Wenn Sie mehr über uns erfahren möchten oder keinesfalls unsere Gratis-Downloads in Form von Pdf- oder Audio-Dateien verpassen möchten, besuchen Sie uns doch einfach!

https://great-books4you.com

Wir halten Sie auf unserer Webseite auf dem Laufenden über die neuesten Storys der Autoren, Bestseller sowie Geschenke unserer Schriftsteller an ihre Leser/innen & alle Interessierten.

Wir wünschen Ihnen viel Freude beim Lesen.
Alles Gute für Sie und vielleicht bis bald,

Ihr Great Books 4You-Team

Haftungsausschluss

Der Autor übernimmt keinerlei Gewähr für die Aktualität, Korrektheit, Vollständigkeit oder Qualität der bereitgestellten Informationen und weiteren Informationen. Haftungsansprüche gegen den Autor, welche sich auf Schäden materieller oder ideeller Art beziehen, die durch die Nutzung oder Nichtnutzung der dargebotenen Informationen bzw. durch die Nutzung fehlerhafter und unvollständiger Informationen verursacht wurden, sind grundsätzlich ausgeschlossen, sofern seitens des Autors kein nachweislich vorsätzliches oder grob fahrlässiges Verschulden vorliegt. Alle Angaben wurden vom Autor mit größter Sorgfalt und nach bestem Wissen und Gewissen recherchiert oder spiegeln seine eigene Meinung wieder. Der Inhalt des Buches passt möglicherweise nicht zu jedem Leser und die Umsetzung erfolgt ausdrücklich auf eigenes Risiko. Es gibt keine Garantie dafür, dass alles genau so, bei jedem Leser, zu genau den gleichen Ergebnissen führt. Der Autor und/oder Herausgeber kann für etwaige Schäden jedweder Art aus keinem Rechtsgrund eine Haftung übernehmen.

Urheberrecht

Impressum

Herta Schneider-K., Cooking E. 2019
1. Auflage

Kontakt:
"Great-Ebooks4U"
c/o Bianca Kronsteiner
impressumservice.net
Robert-Preußler-Straße 13 / TOP 1
5020 Salzburg
AT – Österreich
greatebooks.4u@gmail.com

Covergestaltung: German C.
Fotos: www.depositphotos.com

Printed in Germany
by Amazon Distribution
GmbH, Leipzig

18986949R00089